APPLIED INSURANCE
ANALYTICS
A Framework for Driving More Value from
Data Assets,Technologies,and Tools

大数据时代的保险分析

[美] 帕特里夏·L·萨波里托◎著
Patricia L.Saporito

李凯◎译

中国人民大学出版社
·北 京·

前　言

20 多年来，我一直从事与业务人员和 IT 技术专家共同研究如何充分利用信息和技术的工作。在此过程中，我既见证过令人欣喜若狂的成功，亦看到过许多惨痛的失败。我主要参与了交易系统以及数据分析应用的开发和构建。我对于数据分析领域有着极高的热情，因为我切身体会到高效的数据分析能够为保险行业带来多么巨大的积极影响，而且更加重要的是，我们的客户也从中受益良多。我撰写此书的目的一方面是想同读者分享自己的经验感悟，另一方面也是力求提供一种思路，来更好地审视保险企业在使用分析方法、构建分析系统时应当考虑的分析能力及其他关键因素。

我曾经从事过业务分析、系统开发、技术咨询和管理咨询等工作。多数失败的教训都源自业务人员与 IT 技术后台在预期和观点上存在分歧且缺乏沟通。我的确见过精心设计的数据库被业务人员冷落一旁的案例。换句话说，你所搭建的数据分析系统只有充分满足各方需求，它才能真正发挥作用。

本书所面向的读者群主要是业务一线的使用者。我尽量少用艰涩难懂的术语，而是用业务人员在与 IT 伙伴的沟通中经常遇到的通俗易懂的词汇展开论述。另外，我也有意略过了一些只有首席信息官（CIO）或首席技术官（CTO）才能进行操作的核心功能。如果你是技术人员，我建议你从业务人员的角度来阅读此书，因为这样的视角能够帮你更加顺畅地处理与业务人员的配合关系，同时也可增进对业务需求的理解，尤其是在第十章"分析方法在保险业务流程中的应用"中提到的那些。第十一章"保险分析方法展望"中的业务延伸应当也会对你有所触动，因为它们对应的业务需求的确太重要了。

我的保险职业生涯从做一名理赔师开始，在那个岗位上我提升了自己的访谈技巧，这对我后来做业务分析和管理咨询工作大有裨益，而且为我进行业务发掘和价值分析打下了坚实基础。随着理赔工作的深化，我开始承担更多现场业务，并负责理赔记录管理系统的运行。此后我进入了 IT 行业，从业务分析师做起，而后成为一名业务系统工程师，再后来又专注于为业务创新和产品开发提供技术支持的研究和开发工作。6 年前我有了自己的市场研究与信息管理业务，成为一名技术分析师，引领保险行业的研究服务。此后我加入到供应商的行列，搭建起一支专为保险、医疗护理、制药行业提供数据存储、加工等咨询服务的专业化团队。那时，我在数据存储和分析业务领域积累了丰富成果。在最近的一项工作中，我身兼多职，包括保险解决方案管理分析及管理咨询。此间我的工作范围已经由保险和医疗护理行业延伸到航空、银行、快消品、医疗保健、制造、采掘、石油天然气以及基建等领域。在卓越分析中心（Analytics Center of Excellence）工作时，我即尝试运用先进的实践经验帮助客户评估并提升他们的分析技能。在本书中，我也尽可能将这一路走来的经验与教训融合进来。

最后，我真切希望此书能够为读者带来收获与启迪。

APPLIED INSURANCE
ANALYTICS

目 录

APPLIED INSURANCE
ANALYTICS

第一章
保险分析的主要方式与应用

保险是一个非常倚赖数据的行业，在各个细分领域，不管是财险、意外险、寿险还是健康险，也无论是提供理财产品服务还是有形产品乃至代理赔付或投资承诺，这一特性都普遍适用。从最基本的市场推广、客户购买险种、消费体验，到理赔或投资渠道，这一从始至终的整个商业流程和**保险价值链**（insurance value chain），都是由数据驱动的。可以说数据就是保险行业的血液，而分析技术则能够帮助实现利润提升和成本控制。我们必须依靠数据和分析来向股东及投保人交出更佳的财务绩效和服务水平答卷。

　　分析（analytics）是发掘并传递数据中有价值的规律或范式的过程。**商业智能**（business intelligence，BI）严格意义上说即是多种分析方法的集合。一般认为，BI 更聚焦于分析报告和数据的可视化呈现技术，譬如指示屏。分析技术的另一个领域是预测性分析，包含数据挖掘、文本发掘以及预测模型等内容。高等可视化则是分析技术的又一大领域，涵盖绘图、三维图表，还有其他一些比 Excel 中我们常见的那些图表更加精密复杂的可视化技术。在本书中，出于贴近实践的考虑，BI 和分析技术有时会混用而不加区分。

通过不断的透视和洞察，以及在此基础之上的有效措施，分析技术能够显著优化商业流程、决策制定以及整体的商业效益和盈利能力。分析技术依靠统计学、计算机编程以及运营研究的整合运用来对绩效进行量化，并借助数据可视化技术表达发掘到的数据价值。

整个分析流程分三大部分，首先需要从多个运营系统内提取原始数据，并将其进行"标准化"处理（或者说统一不同来源数据的格式），这个过程中经常需要将原始数据同来自其他外部渠道或第三方渠道的数据进行校对，确认无误后再转化为信息存储；之后我们便可以对这些信息进行分析，得出一些有价值的结论和发现；最后，借助前述成果来指导决策的制定。

保险分析的两大方式

整个分析过程有两种主要方式：运营分析和基本分析。**运营分析**（operational analytics）通常是指内嵌在商业流程或应用系统中的分析模块，如营销、核保、理赔等。运营分析的实时性较强，因为即时数据能够产生更大的价值，比如从赔偿报告中察觉诈骗骗保的蛛丝马迹。很显然，及早发现诈骗索赔的存在并终止偿付要远比事后再去弥补有效得多。

基本分析（traditional analytics）则更侧重于对交易达成后所产生的综合数据的处理分析，譬如赔偿趋势分析及潜在赔偿风险分析。无论是哪种具体类型的分析工作，都在更多地运用预测性分析方法，即通过运用一些预测参数或相关矩阵来预测可能的局面甚至优化未来的绩效表现，从而不再仅仅停留于对历史趋势的探究分析。

外部数据

如果离开数据分析，很难想象整个保险行业该如何运转，因为数据分析已经像基因那样深植于营销、核保、定价和理赔等关键领域，在这些领域有着丰富的微观与技术操作层面的数据。在宏观或战略层面，保险业决策者常常没有足够的内部数据来帮助其决定是否进行新产品尝试或选择细分市场。在这些情况下，他们可以转而向第三方机构寻求**外部数据**（external data）支持，如国家保险部门发布的文件、评级机构行业数据库或者其他一些可用来进行新产品开发的公开信息。保险人员也可以使用**心理细分数据**（psychographic data）（心理或行为数据结合人口细分）作为目标市场乃至核保特征的代理变量，如收入、职业等。即便保险人员有可用的内部数据，他们也通常会使用外部数据加以补充或进行核验。

表1—1展示了第三方数据通常用于何种业务领域、如何使用（应用情境），以及对应的数据类型。

表 1—1 外部数据

领域	应用情境	第三方数据类型/来源
营销	推广活动	心理细分
产品管理	新产品开发、定价	国家保险部门评级文件
理赔	代位追偿款	质保数据、产品召回
核保	强化风险预测、UW 风险评估	机动车行驶记录（MVR）、信用报告
销售	潜在客户发掘	高校毕业生记录
医保管理	健康与福利管理	处方数据

具体而言，这些应用情境指的是：

● 营销中会使用心理细分数据作为现有客户数据的补充，或者借助其开展精准营销。客户分析亦是心理细分数据寻求群体共性以供趋势预测的典型应用。

● 产品经理通常会审视竞争对手的评级数据，从而进行产品设计、价格以及细分市场之间的比较分析。

● 理赔追偿分析员常使用质保数据和产品召回记录来辅助分析那些与存在缺陷的产品相关的理赔和核保案件。两个很典型的例子是劣质轮胎导致的 SUV 翻车事故以及由洗碗机或炉灶缺陷引发的厨房火灾。

● 在核保过程中，保险人员通常会借助能够获取到的所有信用评分构建风险评估模型。

● 销售人员和供应商借助如高校毕业生记录这样的多种数据源辅助进行客户发掘。

● 医药企业经理利用处方数据甚至是零售药店的消费记录来确定其健康与疾病保障计划的潜在客户群体。

保险行业数据流

要有效理解和运用分析方法，就必须弄清楚数据是如何产生、如何处理以及如何在企业内流转的。图 1—1 从最左侧的数据源头开始，沿着主要业务单元的运作流程，勾勒出了数据是如何流向财务系统及总分类账，最终形成数据报告的全部过程。虽然下面给出的是财险和意外险的案例，但寿险和健康险领域的数据流与之十分类似，因此仍可适用。

分析能力成熟度

分析能力成熟度（analytic maturity）或说是运用分析方法的经验水平，是由一系列因素决定的。以下是最主要的 4 个因素。

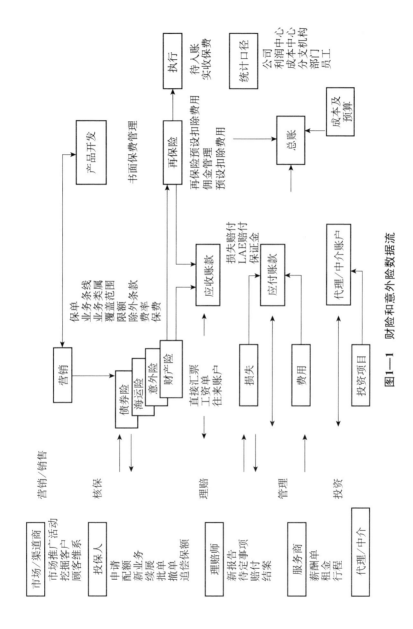

图1—1 财险和意外险数据流

● 人员：员工运用各种分析方法的经验水平（以及是否构建起了以数据为驱动的组织文化）。

● 流程：组织内分析流程的成熟度。

● 技术：选取、应用并向员工开放何种类型的分析工具。

● 数据：在组织内部，数据及其使用权限是否得到有效的管理和监控。

图 1—2 展示了不同的分析能力成熟水平。

反应型　　　　　　　　　　　　　　　　　　　　　主动型

	落伍者	懵懂者	新手	实战者	专家
人员	● 决策靠直觉	● 有一定分析意识 ● 用分析佐证直觉	● 技术型决策风格	● 战略支持型决策	● 驱动型战略 ● 决策根植于文化基因 ● 配备首席分析官
流程	● 无	● 从别处获取分析报告	● 自行产生分析报告 ● 分析 vs 汇报	● BI 竞争力中心 ● 业务流程与分析、数据管理功能整合	● 分析指南 ● 成熟的 BI 竞争力中心 ● 专门的分析委员会
技术	● Excel	● 标准报告 ● 少量定制化报告	● 定制化报告 ● 数据仪表	● 可视化 ● 数据探索	● 预测型技术 ● 文本发掘 ● 情感分析
数据	● 数据堆积 ● 数据质量差	● 简单报表 ● 对数据质量有一定认知	● 数据中心 ● 数据字典	● 整合的数据视角 ● 数据管理	● 嵌入式分析 ● 数据被视为企业重要的战略资产

图 1—2　分析力成熟度矩阵

核心的保险分析应用领域

在保险行业，最主要的分析应用有：

● 营销分析：用以进行客户细分、交叉销售和服务升级、市场推广活动管理；

● 产品管理分析：用以对产品品类和盈利情况进行管理；

● 核保分析：用以开展风险评估和定价；

● 理赔分析：用以进行理赔评估、预约、问题解决与追偿，以及诈骗侦测；

● 企业风险分析：用于偿付能力和资金分配管理；

● 销售分析：用以对渠道和供应商以及激励、补偿款等进行管理；

● 财务管理分析：针对计划、预算、预测及盈利水平等的分析。

上述应用领域将在第十章中深入探讨。图1—3按照业务流程展示了一般应用分析的概况。

保险分析方法的使用者及其适用性

毫不夸张地说，保险行业中的每个角色都会用到保险分析方法：精算师、核保员、理赔师、损益分析师、营销人员、财务分

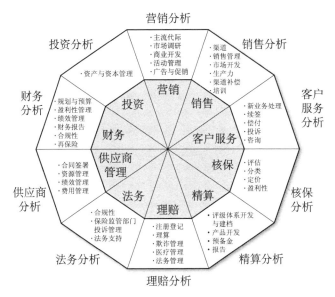

图1—3　核心的保险分析领域

析师、客户服务代表、代理商及经纪人，乃至法规制定者。在保险价值链上的每个人都需要并且会用到各种各样的保险分析方法。

　　然而，不同职能领域的需求不尽相同。执行管理层，如CEO、董事会以及高级经理需要的是直观易懂的关键数据集：数据仪表、计分卡，并且最好能在诸如平板电脑或手机等移动设备上呈现。中层管理者需要的是富含更多延伸信息的关键运营数据，如数据细节、标准化或简易的分析报告等，当然，移动应用也必不可少。分析员需要更多细节支持以及管理数据、构建模型甚至自主呈现分析报告的能力。相应的工具将在第七章"分析工具"中给出。

实现保险分析价值的三大挑战

尽管保险分析方法十分有价值，但其应用实践却远远落后于真实需求，这主要是因为企业高层在运用保险分析时也面临着不小的挑战。

第一重挑战在于，企业高层往往很难获取完备、可信且易于理解的数据。保险业者不应只追求质量，还应力争获取到易于调用、符合分析目的且便于解读的可信数据。当然，数据也是可以扩充的。比如，客户调研数据或取自社交媒体的心理行为数据等非结构化数据就可以同结构化数据结合运用。一个完善的**数据管理**（data governance）流程可以有效保存现有数据并发掘新的数据需求。通常而言，保险公司中的数据管理职能最好由精算或财务部门来承担，因为这两个部门都负责对内及对外的分析报告工作，并且还对数据质量及整合性有很高的关注。更进一步地，前述部门通常会用到跨业务领域的多种数据，因此熟知数据整合过程中的潜在挑战。

第二重挑战在于缺乏**分析技术**（analytic skills），这导致保险分析无法有效进行。一个可能的原因是文化层面的因素，比如缺乏意识甚至是过于怠惰。很多时候我们过于依赖直觉来作出决策。我们也会错将工作报告当做数据分析。由高效工具支撑的数据探索及可视化技术正帮助企业员工提升其分析能力与洞见。同时，企业一方面在招募擅长进行数据分析的新员工，另一方面也在开发现有员工的分析能力。这些在改进分析方法上持续投资的企业将拥有更高的分析技术应用程度，而员工的满意度和忠诚度也会获得显著提升。

第三重挑战即是**分析工具**（analytic tools）本身。为合适的分析工作以及合适的使用者选择恰当的工具尤为重要。一方面，高层管理者希望通过数据仪表及移动设备看到高度可视化、汇总的数据分析结果；另一方面，分析员则寻求借助其他强大的工具帮助其操控、归并或扩充数据，构建新的分析模型以及进行复杂的分析运算。包括营销分析师、财务分析师以及精算师在内的"数据科学家"则需要更强大的预测及统计功能。许多企业已经引入 BI 竞争力中心或卓越中心来提供培训、帮助终端使用者有效运用分析工具、将业务人员纳入新工具的评估与选择，以及制定和开发 BI 战略、进行统筹管理等。

技术正在持续变革。信息管理工具帮助企业更好地获取和整合数据：进行数据清洗、分析数据源，以及探究施加条件变化后对数据的影响。数据库帮助企业更快、更高效地利用分散的数据开展精算定价和理赔分析。GPS 与地理位置映射技术使企业能够获取更多的风险和损益数据，从而更好地理解保险产品核保风险与损益模式。借助可视化工具，使用者能更好地透视市场和客户数据。企业越来越方便地获取到从车辆保险设备上传来的数据，类似地，它们也可以整合医疗设备上提供的医疗保险监测数据。用户界面已不再停留于办公桌或笔记本电脑，而是向包括代理商、定损师、理赔师等实地工作人员在内的所有保险从业人员所持有的移动设备发展。正是由于数据和分析无处不在，因而不论何时何地、在何种设备上，数据安全就变得尤为重要。

保险分析的变革过程

随着数据管理和分析模块的精细化程度改善，保险企业的分析成熟度也随之提升。由于数据粒度、质量以及多职能或业务领域的数据整合度提升，更加精准的分析便水到渠成。类似地，随着企业不再仅仅监测关键的历史绩效数据，而是将先行指标（或驱动分析）纳入进来，跨职能领域内外的预测性分析也逐渐投入实际应用。

图1—4归纳了保险流程各个环节上的分析成熟度变革过程：营销、产品研发、定价、核保和理赔。整个行业的分析成熟度用点标出。企业可以借助该表格评估其自身的分析成熟度水平，通过与其设想的水平进行对比分析，进而识别出制约其达到理想状态的障碍或困扰。通过这一自评分析，企业便可以设定具体方案来进行必要的改善，从而向下一个成熟度水平迈进，并借助保险分析来构建战略竞争优势。

	低级 →　　　　　　　　　　　　　　　　　　　　　　　　→ 高级			
销售与营销	产品价值	客户细分价值	客户生命周期值	动态价值管理
产品开发	基础产品	非捆绑品类	品类/清单法	客户与盈利驱动
定价与核保	传统分类评级	组合分析	家庭分析、车辆评级分析	风险定价，临时或基于需求的评级调整
理赔与医疗成本	以单元为重心的理赔管理	综合反应式的理赔管理	基于驱动因素的历史理赔管理	基于驱动因素的预测理赔管理
会计与财务	传统规划与预算编制	驱动因素导向的规划与预算编制	整合式规划	预测式规划
指标	集合式、职能类、滞后指标	战略业务单元—战略目标相关、基于驱动因素的历史指标	战略跨单元目标相关、基于驱动因素的预测及指标	综合预测模型及规划
数据	低质量、难以获取的数据	贯穿各产品线/时间区段的数据整合	一致的企业视角、知识/数据挖掘	精细化零售数据智能/预测

图1—4　保险分析的变革

APPLIED INSURANCE ANALYTICS 自我检测

要点掌握

回答以下问题，检测你对本章重要知识点的掌握程度：

● 列举出主要的保险业务流程及可能用到的主要保险分析方法。

● 回顾数据从产生到在企业内外流转的过程。

● 运用保险分析变革框架来衡量企业的分析成熟度水平。

问题讨论

讨论以下问题，进一步检验你对核心概念的掌握情况：

● 描述保险分析是如何在营销、销售、核保、理赔以及财务领域中发挥作用的。

● 举出三个外部数据来源以及它们可用于何种分析之中。

● 讨论在有效运用保险分析的过程中遇到的三大挑战及其克服方法。

APPLIED INSURANCE ANALYTICS 核心概念

分析成熟度　企业在应用分析方法以及统合使用者、分析流程、分析技术和数据这四大核心维度的过程中所体现出的精密度提升。

企业 BI 竞争力中心（或卓越中心）　　BI 管理部门下辖的企业职能机构之一，主要职责是制定和执行战略性的企业智能计划。

数据管理　　一种对数据质量和可理解性进行管控的企业流程。它由一个数据管理委员会和多个不同业务领域的数据管理员负责运作。

运营分析　　在如理赔管理这样的交易系统中所用到的分析方法，比如，该系统下的运营分析将包含新建理赔列表、30天以上的理赔列表等。

预测性分析　　借助历史数据来预测未来业绩的分析方法。包括数据挖掘、文本发掘、预测模型等。

APPLIED INSURANCE
ANALYTICS **延伸阅读**

"The Data-Driven Organization." Maracia W. Blenko，Michael C. Mankins，Paul Rogers. *Harvard Business Review*. June 2010.

APPLIED INSURANCE
ANALYTICS

第二章
分析战略与执行框架

数据是保险业者的重要资产，而要使这一资产的商业价值最大化，还需要一种业务驱动的思路来支撑：分析战略。这一"积跬步而致千里"的思路框架主要目的在于绘制战略路线图并在总体框架下按项目高效地传递结果和价值，有效的 IT 战略亦在此基础上设计、构建并加以执行。

IT 部门通常会应企业对分析工作的需求，在全员协作的基础上着手搭建**数据存储中心**（data warehouse）。他们将首先调研业务部门的需求，而后设计数据模型来统合数据并将其存入数据中心。接下来的问题就是关注分析方法本身了。等到 IT 部门完成分析技术基础构建时，事情的核心似乎已有些变化了，因为此时分析方法竟没有用武之地，或者业务部门有其他方法拿到分析成果。业务部门自建了一些**数据集**（data marts），这导致数据报告矛盾频出，他们花费大量精力调和现有数据成果与采用规范方法得到的结果。听起来是不是十分熟悉而且很无奈？要规避这类问题，IT 需要尽早将业务部门纳入进来，并且在制定和实施战略时持续不断地整合那些零散的数据成果，确保数据信度和效度，并将其价值有效传递出来。IT 亟须一个适合的 BI 战略，而这一工作可借助 BI 战略框架予以实现。

商业智能战略框架

一个 BI（或分析）战略框架主要包含以下五方面内容：

● 目标与适用范围：战略的目的与目标——现在的状态与历史业绩，以及分析目标和范围（包含什么，以及重要的——不包含什么）。

● 业务需求：从业务角度出发，按照其职能领域汇总的BI 需求（营销、销售、核保、理赔、财务、客户服务等）以及实现这些需求的最佳工具（报告、地理信息系统、数据挖掘、文本发掘、自助服务、移动终端、数据仪表等）；对未来的展望或期望状态；优先任务及协同（为实现某些业务需求，在企业内部设定的协同事项）。

注意 ────────────────────────────────▶

业务需求应在整个企业以及各个业务单元的战略背景下展开；战略的制定、优先级设置以及校正事项通常会借助业务发现来达成，所谓的业务发现即是一项流程化的访谈工作，它可以帮助发掘业务需求、预期价值、战略及战术序列，乃至跨业务单元的数据杠杆效应。

● 价值：以量化方式表述的商业价值分析；预期收益，包括未来在施行、有效性及效率等目标上的关键绩效指标（KPI）；最初战略与后续方案的业务情境模式；施行后的评估方法；涵盖商业情境与施行后评估所用到全部流程与方法的价值导向管理方法。

● 信息架构与技术：信息所属类别/领域（客户/成员、代理、政策、理赔、财务等）；架构与标准；BI 工具及应用。

● 组织与管理：管理架构（包括管理层与工作人员）；计划管理；BI 路线图与里程碑；针对为确保资金供给、教育和培训而采取的 BI 的评估方法和途径（包括制定计划和效果评估），以及后续支持。组织变革及终端应用在这一领域将扮演至关重要的角色。

图 2—1 整合呈现了 BI 战略与分析计划中的五大核心模块。

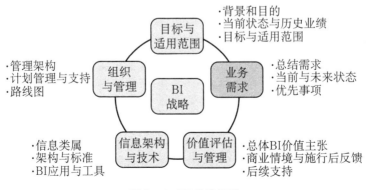

图 2—1　BI 战略框架

许多企业将架构图与 BI 战略框架混为一谈。架构固然重要，但只是总体战略中的一个组成部分。以下是企业不具备规范战略的典型表现：

● IT 询问职能部门需要怎样的分析报告。这是个不错的开端，但分析并不仅仅是报告那么简单；一项战略需要同时包含分析与数据，而不只是报告呈现。

● 分析战略中的第一步是建立数据存储中心。IT 需要首先确保其正确理解了业务部门的需求，而后才可以着手建立数据存储中心。描绘路线图应当在用户参与和支持之前。

● BI 及业务团队均无法正确清晰地理解 BI 战略。这通常要归咎于 BI 战略未能被有效地界定、呈现或沟通传达。前述职能领域都需要透彻理解该战略并开展高效协作。

● 未设定评估进程的有效指标。这意味着你将无法客观地对整个过程进行评估，更不用说将其汇报出来。所制定的进程应当是直观且可达成的，唯有如此你才能够确认成就，识别和解决问题。

BI 竞争力中心

当前较为流行的一种做法是通过 **BI 竞争力中心**（BI Competency Center，BICC）或 **BI 卓越中心**（BI Center of Excellence, CoE）来执行企业的 BI 战略，该机构的主要任务是对战略进行界定和升级，同时确保其能得到有效的管理。BICC 是联结 IT 开发者与业务使用者的重要纽带。

有效的 BI 战略执行同样需要强有力的支持与管理，比如统筹各方设定优先目标、预算支持，以及潜在问题和矛盾的解决方案。BICC 主要扮演管理机构的角色，它将与主要负责搭建基础架构、维护数据、推进 BI 项目的 BI 开发团队协同工作。BICC 可以隶属于 IT 部门并直接向 CIO 汇报工作，也可以隶属于业务部门而向高级业务主管负责，如首席行政官（CAO）、首席战略官（CSO）或首席分析官（CAO）这样的新兴角色。

BICC 的更多职责包括：架构管理、计划管理、BI 路线图及里程碑设定、BI 评估、培训与教育以及第八章中将会提到的终端使用者支持。

执行支持与所涉及角色

对于一个有效 BI 战略的制定、执行和持续推进而言，执行支持扮演着十分重要的角色。每一年度，都应向高层管理者征询有关组织战略与当前态势的指导意见并作出相应调整。图 2—2、图 2—3 和图 2—4 中给出了保险业三大险种——财产与意外险、寿险和健康险——的组织架构图。

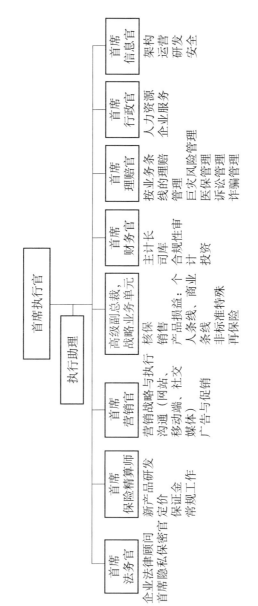

图2—2 财产与意外险企业的组织架构图

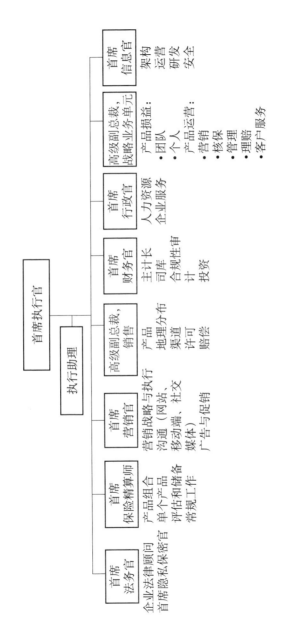

图2—3　寿险企业的组织架构图

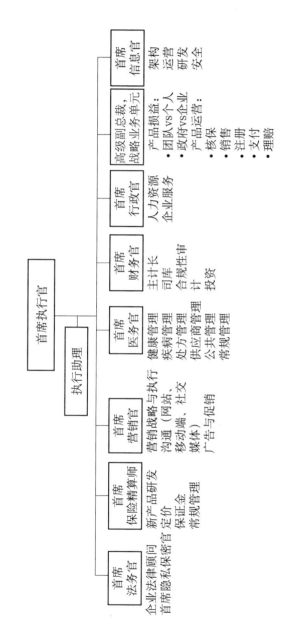

图2—4 健康险企业的组织架构图

新兴的 "CXO" 角色

除高层管理团队之外，还有其他一些非常重要的 BI 战略相关角色日渐兴起。

● 首席分析官（CAO）是一种新兴的高级管理职位，主要负责从企业整体角度出发制定适合的分析战略。

● 首席数据官（CDO）是与首席分析官类似的数据管理职位，通常隶属于 IT 部门。在部分企业中该角色可能由首席分析官兼任。

● 首席科学官（CSO）是第三类新兴职位，主要致力于借助**高等分析**（advanced analytics）与统计方法构建预测模型，进而驱动未来绩效提升。

由于其数据驱动的特性，保险业及其他一些金融服务行业在引入首席分析官及相关角色上走在前列。然而，在不同企业中，这些职位角色仍然在不断变动，甚至有迥然相异的头衔、工作范畴或者权责等级。表 2—1 详细描述了这些新兴角色。

表 2—1　　　　　　　　　新兴的 "CXO" 角色

职位角色	定义
首席分析官（CAO）	主责企业分析战略，包括分析战略及相关分析方法、工具在企业内的应用。通常下属于首席执行官，与 CIO，CDO 及 CSO 同级协作。需要有非常扎实的管理咨询经验；有时也会兼任 CSO。

续前表

职位角色	定义
首席数据官（CDO）	主责对企业信息资产的管理和利用，与 CAO，CIO，CTO 及首席安全官同级协作。通常负责领导数据管理团队或担任执行成员角色。隶属于业务或 IT 部门。可与 CAO 合并。
首席科学官（CSO）	主责研发和利用高等分析方法，如预测模型、数据挖掘等。隶属于业务或 IT 部门，与 CAO 及 CIO 联系密切。可与 CAO 合并。需具备极强的统计、经济和/或计量经济学背景。

在这些新兴角色出现之前，由于首席保险精算师（CAO）和首席财务官（CFO）负责向 SEC、州立保险委员会做外部合规报告，进行机构评级，并主持数据管理委员会，因而在保险业中通常由他们来承担首席数据官（CDO）的职责并领导和管理数据团队。糟糕的数据质量不仅会导致重复工作，更严重的是在监管部门那里丧失可信度进而招致处罚，甚至还会使公司信誉和市场价值受到重创。

首席保险精算师或首席执行官是否会将首席分析官（CAO）的工作纳入其职责范畴，以及是否会继续现有模式（负责首席数据官的工作内容），仍然有待观察。

APPLIED INSURANCE
ANALYTICS **自我检测**

要点掌握

回答以下问题，检测你对本章重要知识点的掌握程度：

● 理解企业对 BI 战略的需求以及该战略框架中的各个组成部分。

● 掌握 BI 竞争力中心（或卓越中心）对于 BI 战略开发与执行的重要价值。

● 回顾在构建 BI 战略卓越领导力时所需纳入的"CXO"角色。

问题讨论

讨论以下问题，进一步检验你对核心概念的掌握情况：

● 说出 BI 战略中最为核心的五大构成要素，并描述其所包含的主要内容。

● 描述 BICC 在 BI 管理中的角色。

● 对比剖析首席分析官（CAO）、首席数据官（CDO）以及首席数据科学家（CSO）这三种角色的异同。

APPLIED INSURANCE
ANALYTICS **核心概念**

高等分析方法　借助历史业绩、当前信息以及预测数据来帮助企业进行分析、决策从而达到效益最优化的全部应用和技术的总称。主要包括数据挖掘、预测模型、假设模拟（仿真分析）、数量统计、意见挖掘以及文本发掘。此类分析方法通常用于识别隐藏在数据中的潜在模式及相关关系，从而借以对未来时间和潜在产出进行预测。

分析方法　对企业战略计划与绩效提供支持的数据、工具和应用的集合，是收集、存储、获取和分析企业数据进而作出决策的基础条件。分析方法最初聚焦于成果回报，而现在越来越多地与 BI 联合运用，从而将其价值拓展到数据探索和可视化之上。高等分析方法也常用于指代预测性分析。

BI 竞争力中心（BICC）或 BI 卓越中心（CoE）　一种专门为制定、升级和管理 BI 战略而设立的机构。BICC 是联结BI 开发者与业务使用者的纽带。

BI 管理　为设定优先事项、划拨财务款项和解决潜在问题及冲突而进行的一种企业管理流程。BI 管理的职能通常由BICC 担负。

BI 战略　战略性、计划性的经营企业信息财富与分析的方法集合，应与片段化或技巧化的思路区别开来。

数据集　专为某个特定功能或部门服务而存储的分析数据集合；它们多用于为一些特定的功能分析提供支持，如数据挖掘。一般而言可从数据存储中心提取得到。

数据存储中心　为进行分析和决策而设立的企业性数据存储机构，包含提取自交易处理系统的大量数据，这些数据通常是经过"合理化"处理，或经由多个不同的内外部数据源汇总整合而得。

APPLIED INSURANCE
ANALYTICS **延伸阅读**

"Business Intelligence in Plain Language：A practical guide to Data Mining and Business Analytics." Jeremy Kolb. Applied Data Labs，Inc. 2012. The BI Competency Center-2012 Study. Cap Gemini. 2012.

APPLIED INSURANCE
ANALYTICS

第三章
战略界定、优先事项及协同

战略界定、优先事项及协同常常令企业感到头疼。任何一个业务部门都坚信其自身的分析需求是最重要的，因此在这些需求没能得到及时有效满足时便会产生不满。首先遇到的挑战就是有效界定出 IT 团队能够透彻理解的业务需求，在充分考虑各职能领域需求的基础上排出优先级，并确定各个业务领域需要怎样的数据和分析功能。这一部分是 BI 战略五大核心元素之一，如图 3—1 所示。

业务需求通常由业务分析师通过书面方式提出，因为他们的工作范围在业务领域和 IT 部门都有涉及。这些业务分析师也常常是此前的业务负责人。使用统一的申请模板可以确保所提出业务需求的标准化和有效性，同时也能够节约界定需求所花费的时间。优质的模板既应能为 IT 部门提供便于理解的丰富信息，又不应过于烦琐，否则业务部门将不愿完整填写。

这些模板篇幅要控制在 10 个问题以内，但应覆盖以下几

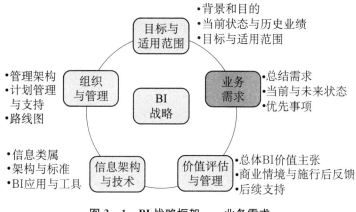

图 3—1　BI 战略框架——业务需求

个主要信息类别：

● 数据：当前及未来的数据获取、质量、完整性和即时性需求；功能：提取、整合等。

● 指标：需要添加或者使用哪些指标组合，如 KPI、前导指标和相关性参数等。

● 分析：当前及未来的功能需求，包括报告、数据仪表、发掘及可视化。

● 工具：现有及需要的工具和功能，包括移动端、自助服务等。

● 培训与技能：现有及未来的技能需求；培训平台及培训课程；功能指导以及实战经验交流。

● 战略：业务与 IT 战略之间的平衡和调整。

业务需求界定方法

最常用到的一种界定业务需求的方法是**业务发现**（busi-ness discovery）访谈。运用这种方法时，业务分析师需要约见业务人员并与其进行访谈，引导其详细描述业务需求。通常来说，业务人员会被问到在接下来的 12～18 个月中排在前两位的核心任务是什么，以及达成这些任务目标所需的分析功能（见表 3—1）。另外，业务人员还通常需要回答在目前的分析工作中有没有什么空白点和潜在问题。如果执行管理层也参与到了这一过程，那么在执行管理者访谈之前应先组织 4～6 人的小组访谈。这些访谈都应在各个业务领域内展开，如核保、理赔、财务等。

表 3—1　　　　　业务发现访谈指引摘要——核保

需求/问题	好处	评估指标
核保风险的整合信息：缺乏整合式核保、营销及销售战略综合性风险数据及功能。我们需要获得此类信息的支持方能进行综合、全面、有效的市场定位。	我们将能够更好地对风险进行识别、归类和定价。一个综合的核保、营销及核保战略将有助于更加清晰地呈现我们的市场诉求和定位，改善投保人满意度，提升核保工作效果及效率。	提升的增长量：保单数×每单平均保费×评估时间段。

续前表

需求/问题	好处	评估指标
跟踪、评估和/或管理业务覆盖空白及不足： 　　我们常常无法及早甚至根本看不到业务覆盖空白或不足的变动趋势，这使得很多投保人在理赔需求未得到充分满足的前提下不再续保，或者转而投向我们的竞争对手。	发现空白及不足可为扩大业务覆盖面和更多销量带来机遇，同时也能帮助改善客户维系率和投保人满意度。	保费及保单增长量；保费总额变化及有效期内的保单总量增加。
全企业层面的数据阅览及对客户、销售、规则制定以及理赔工作情况等战略性数据指标的呈现： 　　当高质量的数据无法在全企业持续共享时，我们在分析核保绩效时就会出现问题与空白。各部门使用了不同的或多余的数据，则会导致错误的和/或不必要的核保相关行为或努力。	能够以相对统一的标准在全企业范围内收集、管理和维护数据，进而满足那些单纯靠部门数据和本地数据无法解决的各个层面的诉求。在企业整体层面上强化数据管理将有利于指标的标准化、核保绩效评估方法的稳定性，并可有效节约用于调和来自不同数据源指标的时间。	企业绩效管理能力的提升；员工工作效果和效率的提升；工作时间由调和数据向分析工作的转移。

　　另一种常见的业务需求界定方法是**分析行动框架**（analytics actionability framework）。在运用这一方法时，业务人员需要配合 IT 团队进行以下工作：

- 给出其最首要的两个业务目标。

- 给出为实现目标而必须解决的几个业务问题。

- 如果前述业务问题有解，那么给出行动方案。

- 给出用以评估进程的 KPI 或其他指标。

这一方法可作进一步延伸：针对每个业务目标，给出所需的数据来源和可得性。

表 3—2 呈现了核保业务部门的分析行动框架，其中包含 3 个关键目标：1）精确的风险分类、评级和定价；2）代理人与顾客的满意度和维系率；3）合作方的生产率和维系率。

表 3—2　　　　　　　　　分析行动框架——核保

目标	业务问题/分析	行动方案	评估结果/KPI
精确的风险分类、评级和定价	• 某种风险应当被归入哪个风险细分领域？ • 这种风险的发生概率如何？此前在该风险事件上的损益如何？某类被保险人群体发生该风险的概率如何？ • 此种风险是否在我们目前的核保范围内？如果没有，那么我们的覆盖范围、价格等是否应作出相应调整？ • 此种风险的合理定价是多少？ • 我们同竞争对手比起来如何（价格、产品等方面）？	• 针对增长率和盈利目标制定相应战略。 • 对产品作出规划，在分散风险的同时确保充足费率。 • 根据个体差异和历史数据调整价格/条款。	• 达成目标市场和产品的既定目标（保费、PIF 及盈利水平）。 • 风险组合的盈利性水平提升（损益比、净核保利润）。 • 核保指南更新。

续前表

目标	业务问题/分析	行动方案	评估结果/KPI
代理人与顾客的满意度和维系率	• 有哪些新的业务趋势（新申请/提交书、额度、签单）？ • 续签趋势怎样（续签单、取消单、未续单）？ • 客户和代理人对我们产品、定价和服务的满意度如何？维系率怎样？	• 发现、分析负面的业务趋势并采取行动。 • 发现、分析负面的续签趋势并采取行动。 • 发现、分析负面的满意度趋势并采取行动。	• 达成新业务和续签目标。 • 客户和代理人满意度改善。 • 客户和代理人维系率改善。
合作方的生产率和维系率	• 我们的员工流动率如何？ • 我们的员工满意水平如何？ • 我们对客户/代理人的影响如何？	• 找出导致无法接受的员工流动率的原因，并采取合理行动。 • 找出导致较低员工满意水平的原因，并采取合理行动。 • 改进招聘和培训流程。	• 流动率降低。 • 员工满意度改善。 • 客户和代理人服务改善。 • 客户和代理人维系率改善。

第三种可用于界定需求的方法是**应用案例法**（use cases）。应用案例亦可用于其他方面，譬如建立成功案例库。应用案例法通常包含一个目标、一个角色（或多个）以及相应的情节剧本。每份剧本材料均应包括一个目标、一个主要角色、剧本情境设定以及剧情结果。

应用案例法通常以叙事方式展开，辅之以图形图表来呈现多个角色间的关系。同时也可添加一些能够影响剧情变化的拓展条件。下面就是以核保工作为背景的应用案例剧情示例。

核保应用案例法示例

业务目标：核保审核——新业务——自动定标
主要角色：核保员
目标：针对新的业务申请进行分类、评估和定价
情境条件：普通，无其他风险条件
结果：保单报价与签发

1. 代理人填写完成保单申请并将其提交给核保员。
2. 核保员审阅申请材料，确认是否符合核保条件。
3. 核保员对申请信息进行核实并从中摘录信息。
4. 核保员打出风险评分，核保价格即根据风险评分、保单限制、保额等敲定；给出报价；将其反馈给代理人。
5. 代理人将报价给到投保人并与其确认是否同意签署。
6. 核保员签发保单及保费账单，给到代理人。
7. 投保人以汇款方式缴纳保费。

剧情拓展：
1. 申请信息不完整：
   ● 核保员要求提供缺失信息；
   ● 代理人从投保人处取得缺失的信息。
2. 申请人以价格不合适为由拒绝初始报价：
   ● 核保员调整报价；
   ● 申请人接受新报价。
3. 申请人在填写申请表时存在信息隐瞒：
   ● 核保员驳回申请；
   ● 核保员探明是投保人故意隐瞒申请信息还是代理人从中作梗/遗漏信息。

剧情变形：
1. 申请人是集团机构（员工、学生或专业机构）一员；定价时需有适当折扣。
2. 申请人与保险公司间还存在其他保单；定价时需有适当折扣。
3. 申请人希望分期支付保费；按需调整付款方式及财务处理。
4. 申请人要求在保单中额外添加其他受益人；进一步要求提供所有相关信息。

第四种方法，也是刚刚兴起的一种业务需求界定方法，叫做**维度分析**（dimensional analysis）。这种方法的思路是，按照职能领域（如核保、理赔等）将数据从测量指标（总量、数目等）和维度（时间、组织、地理分布、产品和渠道）进行分析，然后经过分析得出数据所支持的业务目标（见图 3—2）。

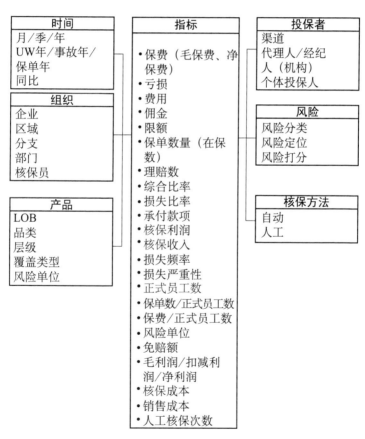

图 3—2　维度分析法在核保工作中的应用示例

有别于自上而下式的分析行动框架，维度分析是一种从数据开始由下到上的分析方法。维度分析通常可被理解为"让数据自己说话"。当业务使用者难以自行界定其业务目标或业务问题时，这一思路便十分适用。业务分析师同业务使用者一起审视数据并询问他们这些数据能够帮助解决的问题，而不再是让他们回答一些业务问题。

不管采取何种方法，业务需求界定清晰后，就应当对分析目标和计划进行优先级排序，以最合理地分配资源并设立有效的路线图。优先级设定应当基于两个关键因素。其一是预期的业务价值，其确认过程应当在业务需求界定阶段就已完成。具备更高价值的需求通常与企业战略目标、标准执行、兼并重组、市场与竞争力、盈利性或业绩增长相关。另一关键因素是基于数据和信息所提出的分析需求的可行性。影响可行性的因素包括量纲和维度、人工参与度（或数据获得与匹配程度）。这两方面在每个分析计划需求中都应有所涉及。也有许多分析需求对应的诉求和价值显而易见，无须作过多书面阐释，例如，这些需求是"台面上的筹码"或十分基础的商业能力。

在有了这些信息之后，IT部门就可以总体审视各业务单元的业务需求，对不同目标进行优先级排序，进而绘制总体分析路线图。许多企业会将用户工作组也纳入到此过程中来。通常而言，短于 90 天的项目会直接加入序列，而更长一些的项目则要提交用户工作组审阅。IT 部门往往还需要审视各业务单元需要哪些通用功能和新工具，以及各业务领域所需的数据源，从而完成数据的优先级设定和管理工作。

传统的交易系统项目通常使用的是流瀑式系统开发周期法，而分析项目则与之不同，它是迭代式的，为多个短型"喷泉"，且一般会设有附加的强化功能。

图 3—3 展示的是以核保分析目标作为基本背景、价值与可行性为评测维度来进行可视化与优先级设定的经典 2×2 矩阵示例。在实际应用中，企业会持续不断地审视各业务领域的需求并进一步深入挖掘其背后所需的数据源和能力支持（例如，工具或培训）。

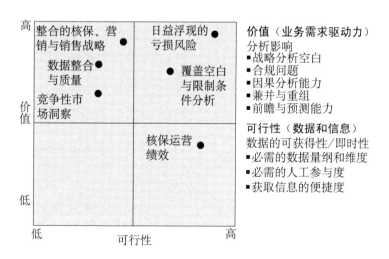

图 3—3　核保业务优先级矩阵

两个层面的协同

协同包括两个层面的内容。第一个层面是战略协同。作为企业战略与计划流程等长期任务的组成部分，每个职能领域需要制定出恰当的战略方案，以支持企业战略与总体目标。这是协同的一种形式。

第二个层面的协同是各业务单元之间的部门协作。并非所有的分析需求都可以立即得到满足。目标与方案需要按照对业务的价值和可行性区别对待。执行小组一般会基于工作组给出的反馈和建议来确定最终的方案规划。而同样重要的是，包括管理团队，IT 部门 BI 开发团队，以及数据员、业务分析师等个体参与者在内的利益相关者都应当参与到整个流程中来，并充分理解优先方案的合理性。

这一沟通过程就被称作协同，是整体 BI 战略管理的一部分。这样一来就不难理解为何有时某些需求或方案会延迟执行：一切都是为了企业的最优利益。前述工作组和利益相关者都是组织与管理流程的组成部分，相关详情会在第八章中展开介绍。

APPLIED INSURANCE
ANALYTICS **自我检测**

要点掌握

回答以下问题，检测你对本章重要知识点的掌握程度：

● 比较用于界定分析业务需求的不同方法。

● 回顾用于对计划和方案进行优先级设定的流程和因素。

● 理解协同的重要性及其在组织内的操作原理。

问题讨论

讨论以下问题，进一步检验你对核心概念的掌握情况：

● 选择两种能够用于界定分析业务需求的方法进行讨论。

● 举出驱动业务价值的三个因素。举出与数据相关且会影响可行性的三个因素。

APPLIED INSURANCE
ANALYTICS **核心概念**

业务发现　为开展 BI 与分析工作而发掘业务需求的过程。通常是借助深度访谈方式，由业务分析师就当前业务空白与未来需求、部门与企业战略协同和需求的潜在价值评估等方面与业务人员进行会谈。

维度　与指标相关的属性或特征值；一般包括组织、区域、产品和时间，有一定的具体层级，如群组、企业、部门和业务单元等。

指标　财务参数；可以是数目、总量、比例等。是许多企业用以进行业绩评估的关键绩效指标（KPI）的组成部分。可划归先导指标，是 KPI 的驱动因素。

剧情　在应用案例中由事件到目标的过程。

应用案例　特定情境下为特定目标而进行的一系列交互活动。由内含不同业务角色的多个剧情组合而成。BI 中常用其对用户界面和流程进行优化。

APPLIED INSURANCE ANALYTICS 延伸阅读

Cockburn，*Writing Effective Use Cases*. Addison-Wesley. 2001.

APPLIED INSURANCE
ANALYTICS

第四章
有效地编制和使用指标

企业绩效的管理和评估通常会用到一些量化的项目，这便是指标。业务绩效管理（BPM），亦称企业绩效管理（CPM），包含用以制定战略、开发计划、监控实施、预测绩效和成果汇报的所有流程、信息和系统。具体可细分为战略规划、策略规划、预算规划、预测、财务规划、作业成本法（ABC）及盈利分析、管理报告以及监管、风险与合规（GRC）管理。这其中的许多流程可通过整合式企业绩效管理（EPM）或风险与合规监管分析程序来实现。无论用的是整合式、阶梯式，抑或全自动方法，有一个因素在所有流程中都起着至关重要的作用，那就是编制和测量最恰当的指标并一以贯之地运用于整个过程。指标是业务需求的一部分，但需要持久运用。第六章中介绍的数据管理将在指标体系的编制、呈现和传达中扮演重要角色。

指标类型

可能很多人都会混淆以下几个词汇：指标、关键绩效指标

（KPI）、先导指标、滞后指标和驱动指标。所有的 KPI 都是指标，但反之则不成立。指标能够用来评估任何事项，但 KPI 只关注那些最重要的。KPI 是最终的结果指标，例如，亏损比率或综合赔付率。企业可以有一堆指标，但却只应有几个 KPI。KPI 一定是可实现的，否则目标就难以达成，这也正是第三章中所介绍的分析行动矩阵的价值所在。因为这一方法提供了将 KPI、指标与每个目标一一对应的思路框架，从而提升了后者的可实现性。有效的 KPI 应具备两大主要特征：结果导向，即与业务目标紧密挂钩；以目标为基础，即对应着一次性的目标价值。

先导指标（leading indicators）主要关注对未来业绩的前瞻和预测，并对仍有提升空间的领域提供一些启发，例如，（理赔）联系天数。它们通常是 KPI 的子指标系统。先导指标的价值在于，通过对这些指标持续不断的监测并采取有效行动，既可以影响对应的 KPI 又能够改变最终结果。**驱动指标**（drivers）则是先导指标的一种形式，它们通常是能够对内部绩效产生影响的外部指标。例如，客户价格指数可能会驱动劳动工资率调整，而这正是亏损的来源之一。

滞后指标（logging indicators）主要关注某个时点前的业绩表现，以财务方面居多，比如赔偿比率。这些指标通常都是"马后炮"，因此虽然它们与 KPI 高度相关但并不能影响目前及未来业绩。不过，借助滞后指标可以追根溯源对业绩进行剖析，从而帮助未来业绩提升。

指标可视化

指标对于管理企业业绩而言至关重要。为实现企业与管理层、股东、合作伙伴及监管者的有效协同，就必须对指标体系给予充分的关注并通过经营这些指标以达成预期的业绩成就。有效管理业绩的前提之一，就是将这些指标清晰呈现给企业中的每个员工。实现这种可视化最常见的方法即为借助计分卡和指标仪表。其他一些可视化工具将在第七章中展开进一步探讨。

平衡计分卡（balanced scorecard，BSC）是企业中常用的绩效管理工具，主要涉及 4 个重要的指标体系或管理领域。下面是这些管理领域或指标体系需要解决的主要问题：

● 财务：企业要获得成功，需与股东沟通哪些信息？

指标核心：盈利性、增长率以及股东价值。

● 客户：为实现企业战略，需从哪些方面衡量客户满意度？

指标核心：时间、质量、服务及价格/成本。

● 运营/流程：为满足客户需求，我们需做好哪些流程管理？

指标核心：时间、质量、生产力和成本。

● 员工/人员：为实现企业战略，组织架构应如何运转？

指标核心：创新、教育与培训以及智能资产。

计分卡在企业、大区/部门以及个体层面都有其适用性。图4—1给出了保险行业平衡计分卡在企业层面的应用示例。

数据仪表，有时又称作管理舱，通常会更具操作性并与流程或职能联结更加紧密。与平衡计分卡不同，它们并非专注某些特定领域或内容。针对一些"假设"或简单情境分析，往往会在其中添加速率仪和滑块等小部件。另外，为满足因果分析需求，数据仪表中通常也会包含深度分析功能以及专业报告的链接。

图4—2展示了财产与意外险收入报表的数据仪表设计。该数据仪表既适用于单独分析，又可并入其他综合性仪表或与多个仪表并行分析。

在数据仪表上部是一个指标树，从左到右展示了税前收入的统计情况。我们注意到在右侧税前收入额的正下方，有三个KPI指标：赔偿比率、费用比率和综合比率。税前收入KPI成分指标，在仪表上半部分从左到右依次为：实收保费（分解指标——续签保费和新签保费），投资收入、理赔发生额、总运营费用（分解指标——佣金及其他运营费用）。

仪表下半部分包含一些先导指标和驱动指标，并配有进行"假设"或简单情境分析的小滑块部件。如果业务增长率提升，那么保费总额、实收保费及税前收入都会增加。

图4—3展示了在保险业中数据仪表如何通过指标树分析和指标分解来有效支持销售活动。首先是制定核心销售指标以

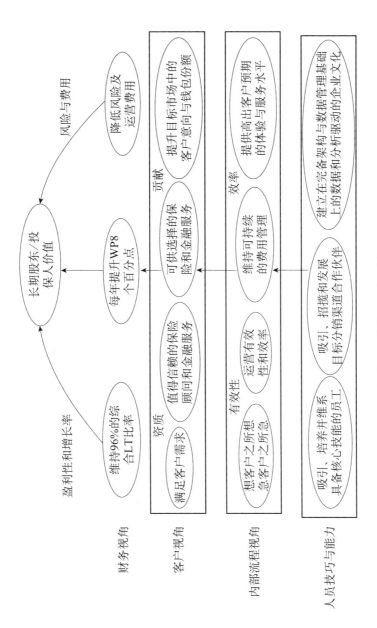

图4—1　保险公司平衡计分卡示例

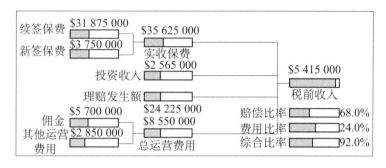

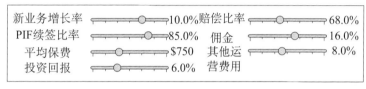

图 4—2　财产与意外险收入数据仪表

及三个支持性指标领域或流程：销售财务、销售运营及销售人事，并将其分设为三个子仪表。而（销售）执行指标仪则可作为第四个子仪表，用于进行销售汇总分析。在设计环节，你需要按照角色（销售副总、销售经理、销售代表）来设定应用案例以及核心指标的浏览模式。你还需要想办法呈现包括目标、实现率、过往业绩、时间维度、核心相关参数等在内的指标体系。实现这些需求和设计的重要工具之一就是指标树。

保险行业指标体系

正如图 4—2 财产与意外险收入表数据仪表中所示的财务

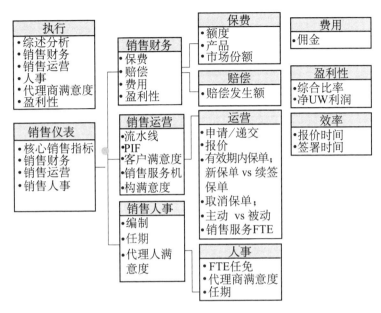

图 4—3　保险销售指标框架

指标那样，保险行业的多数 KPI 是显而易见的。一些财务指标通常用于常规汇报，所以往往比较容易界定，比如综合比率。企业出于内部管理汇报需要，有时还会使用一些衍生指标，如交易综合比率。除此之外，还有一些指标只适用于特定的商业模型或职能领域。

图 4—4 展示了一家财产与意外险公司是如何借助两个关键指标体系——收入与开支——来驱动业务增长的。注意一下它们是如何运用一系列措施和 KPI 指标来服务于每个战略的。

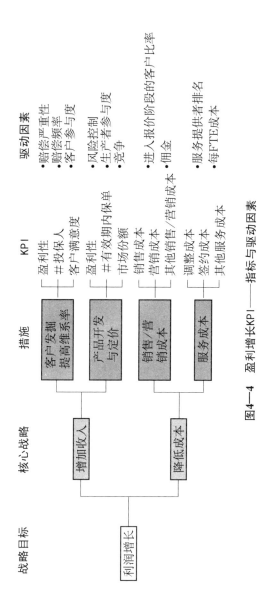

图4—4 盈利增长KPI——指标与驱动因素

有一些指标是企业职能部门会经常用到的，图4—5给出了一些示例。

营销	销售	核保	理赔
•营销组合带来的销售机会 •新业务收入 •市场份额 •客户平均保费/资产 •客户维系率 •客户满意度指数 •投保人数量	•分渠道、代理商和投保人的保费额度 •投保人维系率/增长率 •投保人参与指数 •投保人数量 •佣金 •保费/费用收入 •有效期内的保单/合同数	•有效期内的保单/合同数 •净保费vs毛保费 •成交vs报价保费 •风险单位与综合风险 •成交比率（签约vs报价） •UW利润 •UW费用 •核保异常数	•不同状态下的理赔数 •理赔组合 •已发生赔偿、理赔中赔偿、已偿付赔偿 •赔偿弥补 •赔偿频率、严重性 •正式员工理赔数 •首次签约 •问题处理周期

财务/投资	人力资源	服务
•保费/费用收入 •现金流 •结账期限（财务结账） •净收入 •投资盈利 •投资组合 •资产回报率（ROE） •经济增加值（EVA）	•正式员工数 •员工任期 •人员流动 •人员空缺率 •员工满意度指数 •薪酬成本 •福利成本/负担	•分类型、渠道的服务交易数 •服务时间 •服务成本 •服务质量指数 •客户服务代表数 •客户服务代表维系率/任期

图4—5 不同职能领域常用的保险指标体系

指标体系成熟度

不同企业中指标体系的使用和成熟度水平不尽相同。制定、衡量和管理指标的能力与精细度是遵循一定的演化规律的（见图4—6）。通常而言，最顶端的财务指标应当对于整个企业而言都是易于认同和理解的。矛盾冲突经常起源于不同部门用其自身术语编制指标或使用不同名称的同一指标。这一数据管理问题需要通过数据管控（第六章中有详细介绍）加以解决。

成熟的企业会运用指标框架及方法来对指标进行解构，并借助数据仪表进行测量。

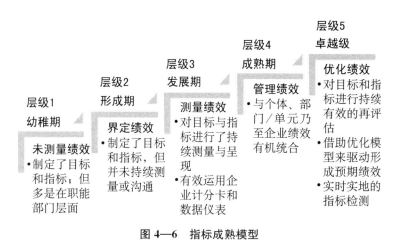

图4—6　指标成熟模型

APPLIED INSURANCE ANALYTICS **自我检测**

要点掌握

回答以下问题，检测你对本章重要知识点的掌握程度：

- 理解指标在企业绩效管理与 BI 设计中的重要性及角色。

- 比较分析不同的指标类型与指标可视化手段。

- 应用指标编制方法与成熟度框架。

- 回顾保险行业常用的指标体系示例。

问题讨论

讨论以下问题，进一步检验你对核心概念的掌握情况：

- 分析 KPI、先导指标及滞后指标的不同。

- 举出保险行业用于测量利润增长的两个指标。分别针对收入和费用举出两个指标。

- 举出销售中用于销售财务、销售运营和销售人事管理的 KPI 实例及其附属指标。

APPLIED INSURANCE ANALYTICS 核心概念

驱动指标　先导指标的一种形式，通常是能够对内部绩效产生影响的外部指标。例如，最低工资标准可能会驱动就业率变化。

关键绩效指标（KPI）　用于测量核心事项的指标。指标能够用来评估任何事项，但 KPI 只是最终的结果指标。企业可以有一系列指标，但只应有几个 KPI。

先导指标　主要关注对未来业绩的前瞻和预测，并对仍有提升空间的领域提供一些启发。

滞后指标 主要关注某个时点前的业绩表现，以财务方面居多，比如赔偿比率。这些指标通常都是"马后炮"，因此虽然它们与 KPI 高度相关但并不能影响目前及未来业绩。不过，借助滞后指标可以追根溯源对业绩进行剖析，从而帮助未来业绩提升。

APPLIED INSURANCE ANALYTICS 延伸阅读

《ACORD 框架性业务术语集》（ACORD Framework Business Glossary）由 ACORD 工作小组开发，囊括了财产与意外险、寿险及年金险行业大部分核心数据元素和指标的定义及特征介绍。

Parmenter，David. *Key Performance Indicators*. Wiley & Sons. 2010.

Olve，Nils-Goran，et al. *Performance Drivers：A Practice Guide to Using the Balanced Scorecard*. Wiley & Sons. 1999.

德勤企业价值图谱（Deloitte Enterprise Value Map）是一种用于展示股东价值与商业运作之间关联的实用工具，其专为保险企业设计的企业价值图谱也已投入使用。在 www.deloitte.com 上搜索企业价值图谱，并参考白皮书："The Value Habit：A Practical Guide to Creating Value"。

全球环境管理组织（GEMI）指标索引™（Global Environmental Management Initiative（GEMI）Metrics Navigator™）可帮助企业针对复杂问题解决、战略支持及推动企业目标实现设计和实施相应的指标体系。该工具提供了一种包含六个步骤的工作流程，以企业目标实现为出发点，选择、施行和评价一整套"核心指标"。每一步中还包含多个工作表格、一系列问题及备忘录。（注意：虽然 GEMI 主要关注环境可持续性领域的工作，但这一指标工具在各个行业及流程下都有良好的适用性。）

APPLIED INSURANCE
ANALYTICS

第五章
分析方法的商业价值与投资回报

分析方法的价值及如何发掘这些价值，一直是战略 BI 计划与分析项目的关键构成要素。根据 Nucleus 研究所的一项研究报告，如果《财富》榜中段的 1 000 家企业提升 10％的数据应用效果，每年便可增收 20 亿美元。该项研究还指出，企业在分析方法上进行的投资将获得高达 1 000％的投资回报率。虽然如此推测分析方法的价值对保险行业而言有些过于乐观，毕竟分析方法在这个行业的应用已经相对广泛，然而如果整合得当，分析方法便能够源源不断地创造出额外的机遇。即便前述价值在保险行业只能实现 50％，也意味着巨大的商机。

对分析方法的关注之所以会与日俱增，主要得益于大数据和物联网给人们带来的无限遐想。大数据的核心在于充分利用现实中呈爆炸式增长的数据，它们可能产生于移动设备、社交媒体，乃至机器传输（如发动机、医疗设备、生产机器等）。大数据的"3V"是指数量（volume）、多样性（variety，包括传统结构化数据，以及社交媒体文字、生产机器传输等新型非结构化数据），以及速率（velocity，数据变化的迅捷程度和即时应变的商业价值）。大数据理论中还存在一个极其重要但低调十足的第 4 个"V"——价值（value）。物联网是数据分析方法与其承载物（如条形码、RFID 标签、车载电脑、手机等）有机整合的产物，其作用在于使得物流过程更加智能、迅捷和精准。

在保险行业，分析方法一直在为企业创造价值，但多数集中在各自为战的应用领域，如销售渠道、投保绩效管理、核保绩效、理赔管理、市场分析与精算定价，以及保留分析。在这些区隔鲜明的领域中，分析方法的价值通常较为直观而且成熟，但从企业整体角度而言，由于缺乏有效的整合方法，这些价值对企业的影响和贡献相对不足。因此，将这几大领域中的分析方法进行统筹整合、关联和利用仍存在十分丰富的商业机遇。企业可以通过引入**价值管理方法**（value management approach）——一种衡量和管理价值的系统性方法——来提升分析方法的价值。然而，由于业务使用者会自然而然地首先关注其自身部门的利益，因此势必无法避开文化和变革管理这两大"拦路虎"。要解决这两大困难，就需要整合价值管理的最佳实践，并将其嵌入商业智能竞争力中心（BICC）。

如何呈现分析方法的商业价值

随着强强联合的不断涌现与非传统型新晋竞争者进入市场，在保险行业中的企业面临着巨大的挑战。由于现存渠道缺乏 24×7 全天候沟通渠道，因而对于任何细分行业而言，如何监测客户参与度进而提升维系率和增长率都是一项十分艰巨的任务。在产品开发管理与代理商管理中也存在类似挑战，即如何将自己的产品与竞争对手的区分开来。在美国，健康险从业人员目前正面临着《奥巴马医保法案》（U. S. ObamaCare law）带来的巨大挑战，因为这一法案要求保险业将更多的保费投入到降低医疗赔偿成本、关注健康和疾病管理以切实降低风险的努力中去。为应对这一挑战，保险人员不得不重新开发全新的商业模型来驱动盈利水平和市场份额提升，而他们所凭依的核心工具正是数据和分析方法。

保险人员必须以价值驱动的思路来运用分析方法，也就是说要从商业的角度来剖析分析方法的价值，否则将面临缺乏持续资金支持的困境。毕竟财务和人力资源是有限的，因此保险人员难免要面对许多竞争性需求。在分析技术和方法方面的投资被其他运营或交易系统压制的情况也屡见不鲜，譬如市场推广活动管理、保单或合同管理、代理商与销售管理、理赔管理、财务与会计系统，诸如此类。

即便向分析方法投入资源的问题解决了，其功能也常常局限于嵌在交易或运营系统中进行运营分析，如过期账户票据或即将到期的续签保单的分析报告。分析方法能够有效拓展交易系统功能以及带来更大企业价值的作用被极大忽视了。企业往往意识不到由于分析方法将帮助它们发现新的机遇，因而会在远期提升其运营系统的效率和智能化水平。

下面所列出的是 BI 的三种类型：战略、战术及运营 BI。

● 战略 BI 主要用以对战略或长期商业计划与目标进行管理。执行官和高层管理者运用 KPI 指标来监测实际业绩与战略目标（如市场份额、保费增长、费用削减或核保利润）的拟合情况。

● 战术 BI 主要用以对支持战略目标实现的业务计划或措施进行监控。高层管理者、职能经理和业务分析员均会用到战术 BI 来评估绩效、制定或修正措施以达成目标。需要注意的是，部分战术分析功能已然嵌入在现有的分析应用之中，如推广活动管理、欺诈管理和风险管理。

● 运营 BI 主要用以对每日或实时的交易及运营业务流程（如核保、理赔管理、投保人/会员服务、账款收支等）进行分析和管理。比较典型的例子包括生成 60 日内到期的理赔、保单清单，生成和审查呼叫中心排队呼入电话清单等。

图 5—1 展示了这三种不同类型的 BI 是如何应用并相互关联的。

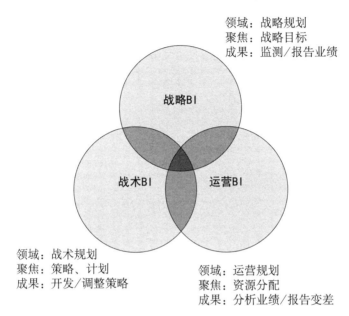

图 5—1 战略 BI vs 战术 BI vs 运营 BI

因此，企业拥有一个业绩导向、战略协同并且价值明确的分析战略就显得尤为重要。这一以价值为基础的方法需持续关注如何选择合适的项目计划，进而从根源上有效驱动企业绩效并为之提供保障。相关人员还应学会将成功项目计划的价值展现出来，从而获取持续的资金支持。然而，现实情况并非如此乐观。多数企业目前并未能给出引人注目的价值主张，主要是因为它们在分析方法上缺乏首尾相顾、以价值为基础的全价值生命周期框架，或者说一种以价值导向的管理模型。在这类模型中，价值评估和管理工作是与总体 BI 战略有机匹配的，如图 5—2 所示。

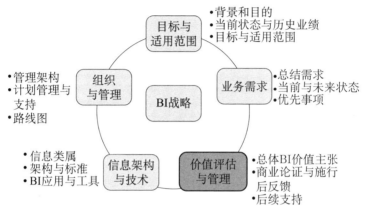

图 5—2　BI 战略框架

价值型管理

业务负责人需要让 IT 伙伴透彻理解其分析需求，应以基于业务角度的思路对此加以表述，从而确保 IT 能够获得充足的资金支持。这一工作应当在年度规划和预算编制期间即着手筹划，因为那是业务部门提报资源需求的良机。任何成规模的项目都需要一份商业论证报告来帮助获取资源和确定优先事项。在一个项目成功实施后，业务部门和 IT 部门都应进行一项"价值实现"分析，明确阐述从前述分析项目中所能获得的切实价值。通过价值实现分析，业务部门不仅可以展示成果，而且能够以此博取"抢手"的资金来支持远期目标。

基于价值生命周期的价值型管理方法有三个阶段：发现——为变革投资；实现——展示业绩成果；优化——管控后续业绩。

接下来我们对这三个阶段进行详细展开。

（1）在价值发现阶段，需借助相关技术制定出以价值为基础的业务战略和商业论证，并与企业目标相协同。它主要解决以下问题：

● 我们的业务使命是什么？怎样才能将业务实战和 IT 战略与其有效协同？

● 要达成这样的使命，我们需要作出怎样的变革（商业案例）？

● 为抓住发展机遇，应制定怎样的措施并确定其优先次序？

（2）在价值实现阶段，需制定出恰当的转型战略，基于对先进做法和标杆的分析洞察来驱动、汇报和评估业绩。它主要解决以下问题：

● 我们应当怎样驱动、管控计划项目并确定其优先级，从而有效传递价值？

● 如何将商业论证设定在可实现和可操作的范围内？其价值又如何衡量？

● 我们应当如何管控、构建、配置和确保数据质量？

● 我们应如何管控和搭建起企业分析的信息框架？

（3）在价值优化阶段，需与最优或先进做法对比评估实施效果，从而使投资带来的价值最大化。本阶段要解决的核心问题如下：

● 我们的项目实现了怎样的价值？如何从现有投资中获取更多收益？

● 就总体购置成本而言，我们有哪些体会？

● 与最优或先进做法相比，我们的实施效果如何？

● 我们应如何利用"健康检查"这样的阶段性业务流程来从内部对进程进行持续评估，乃至与其他行业竞争者和行业分析领先者进行对比分析？

● 我们应如何驱动和管控项目过程以获得最大成功？

● 在联合服务中心里什么样的服务最有效？最大化价值评估效率和效果的正确方式是什么？

图5—3总结了价值生命周期的组成元素。

SAP是一家以企业财务软件闻名的全球性软件制造商，同时它也是价值型管理领域的领导者。由SAP用户组成的美国SAP用户联盟（ASUG）中包含诸多行业或跨行业标杆企业，以及一家价值型管理协会。超过10 000家企业——既有

价值发现	价值实现	价值优化
我们如何能够解决业务中存在的问题？投资回报率又如何？	我们如何能够确保采用的是最佳设计并有效辅助利益实现？	我们应如何评估和改善绩效？
•行业/职能领域的最佳范式目标 •可实现的商业论证报告 •实现价值所需的调度和配置	•基于价值的设计 •评估指标开发、明确责任制 •数据仪表开发	•绩效管理的最佳实践借鉴 •行业和职能领域标杆 •流程与解决方案的战略落实

图 5—3　价值生命周期

SAP 用户也有非 SAP 用户——参与到了 30 多个商业标杆案例的研究项目，其中又有 600 多家参与了与 BI 相关的研究。

由该组织发起的这些研究项目表明，那些在价值型管理方面应用程度高的企业均实现了更多的商业价值。比起那些价值型管理应用程度偏低的公司，前述企业在相关项目上花费的时间和资金要多出 1 倍，而其获得的商业价值增量则高达 1.5 倍之多，这一结论几乎在所有行业中都成立。

保险分析价值的核心驱动因素

在保险行业中，提升总体财务业绩有四大核心驱动因素：

（1）收入增长：

● 总量指标主要评估投保人/客户数量和每位投保人/客户

所持有的保单数量（市场渗透），以及现有客户的维系率和增长率。

● 价格指标主要评估每个保单/合同或者每位投保人/会员/家庭的保费增量，以及每个产品或投保人/会员/家庭的利润增加额。

（2）运营成本：

● 一般费用与行政费用（G&A）指标用于评估增进客户/会员/投保人参与所付出成本的利用率，以及改善人力资源和IT等职能领域行政服务的效率。

● 服务成本指标用以降低签单和理赔服务成本，以及改善总体服务效率。

● 销售成本指标用以评估客户发掘成本、佣金成本、其他销售激励费用以及代理商管理服务成本。

（3）资产利用率：

● 服务提供商指标衡量服务效率和效果的改善情况，包括供应商管理及估价、巡检、律师、医药供应等外包服务管理。

● 保费及保费外收支管理指标用以改善收支效率，比如坏账比例、滞纳缴费比例、未付应收账款比例等。

（4）职能有效性：

● 职能优势指标重点关注改善管理和管控的有效性（例如，业务规划、业务绩效管理），以及执行力的提升（例如，运营水平、敏捷性与灵活性、战略资产）。

● 外部因素指标主要包括宏观或微观经济 KPI，如失业率等。

这些价值驱动因素能在以下三大核心企业绩效管理领域得到有效运用：核保绩效、运营绩效以及财务绩效，如图 5—4 所示。这几大核心绩效管理领域中均存在许多企业价值机遇，可通过应用分析方法加以挖掘。

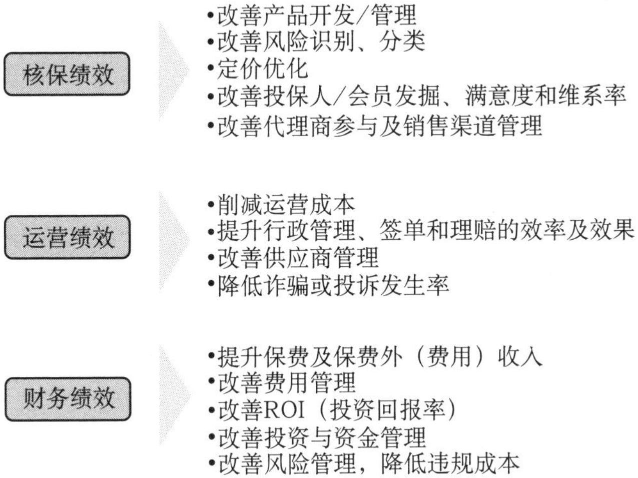

核保绩效
- 改善产品开发/管理
- 改善风险识别、分类
- 定价优化
- 改善投保人/会员发掘、满意度和维系率
- 改善代理商参与及销售渠道管理

运营绩效
- 削减运营成本
- 提升行政管理、签单和理赔的效率及效果
- 改善供应商管理
- 降低诈骗或投诉发生率

财务绩效
- 提升保费及保费外（费用）收入
- 改善费用管理
- 改善ROI（投资回报率）
- 改善投资与资金管理
- 改善风险管理，降低违规成本

图 5—4　保险绩效管理的业务目标

BI 绩效改善切入点及 IT 标杆

在借助主营业务获取收益之余，保险企业还可以通过评估

和优化其 IT 能力及其整体绩效来支持业务改善。

通过削减总体拥有成本（TCO），IT 也可以使企业在分析方法上的投资实现优化，比如控制软件购置（授权使用）成本、软件维护成本、行政支持成本、技术支持成本及终端使用者培训成本等。当然，IT 总体拥有成本只是全部价值的一个影响因素，除此之外，投资的战略商业论证报告还必须包含业务的收入和费用等组成部分。

在企业批准并划拨了分析投资之后，便需要找到恰当的标杆来进行对照。这是一种借鉴内部最佳做法和保险行业乃至跨行业最佳实践从而评估绩效的有效方式。

有效的 BI 绩效分析项目应当包括以下特定的 BI 目标和 KPI 指标：

（1）效果：

● 员工、管理层及外部所有者的 BI 使用情况（BI 应用）。

● 业务流程应用 BI 的过程中激发了多少洞察和启悟。

（2）效率：

● BI 项目矩阵（比如，报告、数据仪表和语义视图）。

● 周期次数、可靠性、运行时间。

● BI 成本。

（3）BI 技术：

● 分析、数据存储和数据管理过程中用到的 BI 技术。

（4）组织：

- BI 组织模型。

- 集中化程度。

- 辅助性组织的规模。

（5）最佳范例：

- 最佳范例的重要性。

- 目前最佳范例的应用范围。

- 重要性及应用范围空白。

一开始，BICC 可跟踪比较历史绩效并制作内部计分卡，以提升决策及信息的直观度。接下来，BICC 便可通过参与外部标杆研究进而用具备可比性的标杆范例来优化计分卡。保险人员可参与的 BI 标杆研究有许多种类，最为人所熟知的两类研究由 SAP 和数据存储研究所（The Data Warehousing Insti-tute，TDWI）发起。

借助 BICC 规范价值管理过程

BICC 可确保将价值管理植入每个项目，并使之在组织的整体 BI 项目中形成规范流程。许多组织已经开始组建 BICC（或称卓越中心），以充分借鉴最佳范例和改善运营效果与效率，这将有益于确保业务用户的满意度和 BI 价值展现。

BICC 在制定和执行组织的 BI 战略中扮演关键角色，尤其是在阐发及沟通分析价值的过程中。其需肩负的几项核心职责包括：制定、文本化、沟通组织的整体 BI 战略；明确业务部门在项目中的具体需求，并对所有项目设定优先级；形成每个项目的商业论证报告并明确所需的功能支持；敲定信息分类方法、架构并管理技术工具；管理管控、项目管理、路线图、评估、培训及支持等过程。更多具体内容可参见第八章。

KPI 分析员和价值分析员在 BICC 价值管理过程中扮演着日益重要的角色。**KPI 分析员**（KPI analyst）主要在设计阶段帮助编制绩效指标、先导指标和相关性指标。**价值分析员**（value analyst）则主要在商业论证时帮助制定预期投资回报率，以及在实施后价值评估中确认实际投资回报率。在小一些的企业或组织中，这些职能往往由业务分析员一并承担。在较大的企业及组织中，价值分析员或许是财务绩效管理职能部门（例如，成本核算部门）的一员，也可能来自企业战略部门。在 BI 战略框架中，KPI 分析员、价值分析员和业务分析员均在业务效益领域扮演着重要角色。

还有一个角色也为价值管理和价值传递起着日益重要的作用，那就是**沟通专员**（communication analyst）。这一新兴角色能够帮助传递由分析改善所带来的包括量化价值在内的各种成果。沟通专员通常是 BI 战略框架中负责教育与培训职能的组织或部门中的一员。在 BI 战略框架中，这些角色都隶属项目管理支持中的组织与管理分部（见第八章）。

价值型管理的业务绩效法

价值型管理的成功运用，标志着管理模式由简单的"按时足额"思路向以业务绩效和价值为基础的思路转变。许多企业专注于削减 IT 和行政成本，这当然很重要，但远比不上商业机遇对企业的帮助大。分析驱动型企业通常采用更加灵活的绩效管理方法，并制定以下战略和基本诉求：

- 充分阐明 IT 投资可带来竞争优势；
- 聚焦于能够对绩效带来重大影响的变革；
- 在坚实的资源后盾基础上设定高远的业务目标；
- 通过评估来驱动责任落实；
- 崇尚绩效至尊的文化。

下面是一些帮助实现价值型管理的优良做法：

- 绩效改善：组织要持续不断地、主动地对其自身进行评估和比较，从而识别新的发展机遇，并从业务流程中获得更多价值。

- 合理化：组织应设立正规程序以在全公司范围内帮助管理层和股东确认投资的有效性。

- 价值实现：在项目实施过程中，组织需要针对商业论证书中提出的价值设计实现方案。这里需要用到一个核心绩效改进框架，辅之以清楚明确的权责划分。

● 业务战略与 IT 协同：在从战略规划到项目实施的整个过程中，业务流程主管及 IT 专家需要时刻协作以确保实现共赢。

● 管控及资产组合管理：执行高管需要介入进来以推动项目圆满实施。

● 组织智囊团：整个项目应当由富有才华的团队来服务和管理，同时对项目施行过程中所实现的价值进行量化管理。

要切实推行业务绩效法，变革管理的角色固然不可低估，然而，对于致力于此的所有人付出的辛劳和汗水，也许只有分析带来的回报价值和对业务绩效的切实裨益才是最好的慰藉。

APPLIED INSURANCE ANALYTICS **自我检测**

要点掌握

回答以下问题，检测你对本章重要知识点的掌握程度：

● 回顾分析价值发掘对于总体战略支持及个体项目认同的必要性。

● 理解价值生命周期的组成部分。

● 比较分析保险业中的收支项目及其可能对绩效的潜在影响。

● 描述 IT 总体拥有成本的构成。

问题讨论

讨论以下问题，进一步检验你对核心概念的掌握情况：

● 探讨价值管理法的三个组成部分。

● 指出四大价值机遇。

● 说出绩效管理的三个影响因素。

● 描述战略、战术和运营 BI 的不同。

APPLIED INSURANCE
ANALYTICS **核心概念**

大数据　在充分利用现实中呈爆炸式增长的数据的过程中所凭依的人才、流程及技术。前述数据可能产生于移动设备、社交媒体，乃至机器传输（如发动机、医疗设备、生产机器等）。大数据的"3V"是指数量、多样性（包括传统结构化数据，以及社交媒体文字、生产机器传输等新型非结构化数据），以及速率（数据变化的迅捷程度和即时应变的商业价值）。大数据技术需要分析技术的全面支持，如信息管理、数据库管理和分析方法。

价值管理法　一种系统性方法，主要用于评估、管理、确认初始商业论证书中所提出的价值，以及实施后的价值实现。

APPLIED INSURANCE
ANALYTICS **延伸阅读**

ASUG-SAP 标杆论坛（ASUG -SAP Benchmarking Forum）旨在帮助业界在指标体系和优秀实践经验方面互通有无。该论坛涵盖由多达1 400家企业的2 600名专家会员参与的26项业务流程，这其中也包括医疗保健组织。其于 2007 年即启动了 BI 研究。论坛可免费参加，同时向 SAP 和非 SAP 客户开放。参见：http：//valuemanagement. sap. com/#或 http：//www. asug. com/benchmarking。

健康信息 & 管理系统学会（HIMSS，www. himss. org）及 HIMSS 分析方法与国际分析组织（www. iianalytics. com）已经在合作研发 DELTA-Powered（医疗保健）分析评估系统——一种用以对医疗保健企业进行评估和定级的全新成熟模型。这一调研和鉴定项目将为企业如何利用数据和分析方法提供指引。

数据存储研究所（TDWI，www. tdwi. org）在 BI 和数据存储领域拥有领先的培训和研究经验。TDWI 每年都会给出一份 BI 标杆报告。

APPLIED INSURANCE
ANALYTICS

第六章
数据与信息的架构和管理

数据是企业的资产，但要使其发挥最大效用，就必须进行存储、管理和获取等一系列处理过程，而数据与信息的架构则决定你是否能够如愿获取所需数据。缺乏恰当的架构支持，你将无法解读数据的含义，或者无法充分发掘其对商业的启示价值。

规整数据、明确数据收集流程、存储及使用数据等工作一般由数据架构师负责执行。信息流程的管控和战略拟订、如何产生价值，以及从合规与战略影响的角度保护这些价值等，便是所谓的信息架构。

要使拿到的数据可用，就需要以业务（或逻辑 vs 物理）视图对来自多个交易系统的数据进行组织和整理。对于业务分析方法而言，这些数据视图和业务流程极其重要。前述视图应当基于业务部门的需求，借助信息技术搭建起来。业务负责人的参与是搭建有效信息架构的关键，因为只有他们才能够全面理解组织切实的信息与业务流程需求。具体由谁牵头、如何领导信息架构搭建过程，可以由**数据管控**（data governance）过程和专项小组来敲定。

事实上，保险企业已经在搭建数据仓库上浪费了数百万美元，因为它们并未有效满足终端使用者的信息需求。终端使用者无法在需要时轻而易举地找到所需信息。这些数据仓库或数据中心乃至与其相关的 BI 项目通常都败在缺乏足够的执行力和财务支持、规划不足、数据质量与可理解性差，以及缺乏有效的数据获取途径上。当然，最本质地说，缺乏持续的协同及与业务端的互动是失败的主因。

要解决这些问题，很重要的一个思路就是建立由数据词典、数据质量计划以及数据管控为基石的**企业信息架构**（enterprise information architecture）。同时，业务部门的参与尤为关键。本章内容即旨在帮助执行管理层和业务终端使用者对数据、信息架构及其在整个过程中的角色和职责建立起全面、综合的认知。

企业战略是**信息战略**（information strategy）的原动力。组织的信息战略应由其业务模型、战略规划和目标所驱动。对搭建信息架构及相关数据管控活动的投资和优先级设定均应首先符合企业战略。

数据和信息架构所关注的任务包括数据的整理规则、如何将多个来源的数据进行整合、用户获取数据的方式、怎样进行管控、如何支配使用，以及如何确保数据质量等。缺乏包括数据和信息架构在内的信息战略也是有些企业未采用分析方法的原因之一。通常认为，数据的可理解性是数据质量问题，即终端使用者无法理解数据的定义、来源及其主要用途或数据中存在的"微妙差异"。因此，他们不得不自行搭建数据集合，这进一步导致了各种各样数据矛盾与冲突的出现。

数据不仅包括核保、理赔、客户/会员管理、代理商管理，以及财务系统中的结构化数据，而且还应包括理赔调整备案、X光检查结果、照片、图表、微博、社交媒体、呼叫中心记录等非结构化数据。随着这些数据的总量和类型不断增加，要想高效和低成本地存储、关联、即时提供前述数据将变得愈发困难。为应对这种局面，在总体 BI 或分析框架下搭建正式的信息或数据战略势在必行，如图 6—1 所示。

信息战略框架的五大元素

信息战略框架是总体 BI 或分析战略框架的子部分，也隶属于信息架构与技术领域，共包括五大元素：

（1）**获取**：提供有效的信息获取功能所必需的信息检索方法。

包括：搜索方法、分析方法、浏览设计和用户界面。

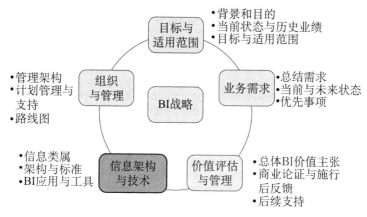

图6—1　BI 战略框架

业务角色：需求界定。

（2）**生成**：从原始数据中提炼、整合并形成信息的过程。

包括：系统界面、自动提炼程序、用于调和数据的业务规则，以及 KPI 计算。

业务角色：需求界定与测试。

（3）**组织**：对数据进行分类、给出路线图。

包括：数据模型、数据结构、分类、元数据（数据的数据），以及情感分析。

业务角色：需求界定与数据管理。

（4）**管控**：确保数据质量和一致性的流程与业务规则。

包括：信息管理、基本数据管理和保单数据校验。

业务角色：数据管理和业务规则界定。

（5）**服务**：保持整体数据服务质量所必需的流程和政策。

包括：数据安全、质量、可靠性、可度量性和可用性。

业务角色：数据安全与需求保持。

图 6—2 直观呈现了这五大元素，左附其所解决的主要问题，右附相关的组成部分。

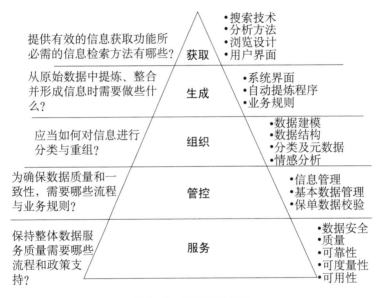

图6—2　信息战略框架

保险信息分类法则

此处的**分类法则**（taxonomy）是指由业务和信息内容主管所共同认可的，用以对数据信息进行标识或分类的信息分类框架。回想六年级课程时所学到的动物、蔬菜及矿物质的分类方法，保险信息的分类法则与之类似，即是对保险数据信息的组织归纳及路线图勾画。分类法则的用途很多，而本章要谈到的对分析的价值就是其最核心的作用之一。分类法则还能够用于汇报目的，比如可扩展商业报告语言（XBRL）。美国证券交易委员会要求企业采取国际财务报告准则（IFRS），因而XBRL的功用之一即是服务于此类相关报告。另外，它还可用于偿付能力监管标准Ⅱ——源于欧洲的全新全球保险企业风险管理标准。

在信息分类法则或者数据模型框架下，数据或主题单元被划分入相互区别的区间或类属，它们将特定的主题单元、属性及业务职能领域中涉及的信息关联归总进来。这些主题单元通常的层级深度为2~3个，每一层含有的词条数可达15条。它往往还会包含层级间的逻辑关联与数据的相关性信息，如所属群组与附带协议。

一般而言，保险数据模型中至少会包含8大主题单元：账户（如保险人员/健康计划的总体关系），群组（或角色，如投保人、会员、供应商、服务提供商、理算员、核保员等员工类属），保单（或合同），保险标的（房屋、车辆等），理赔（事件），资金或财务（保费、亏损、佣金等），地理（风险、亏损等）以及再保协议。在此基础上，这8大主题单元会进一步分解为更加具体的二级主题。

寿险领域用到的数据模型主题单元同财产与意外险企业所采用的模型一致，只不过有着不同的叫法（比如，理赔可能会改作理赔/收益）；或者有所扩展（比如，群组中可能囊括受益人）；还可能针对年金和投资交易数据增加一些主题单元，比如贷款。

在健康险领域应用时也会同样对主题单元重新命名、扩展或增加。健康险群组中不仅包括会员和投保人，还应有健康护理服务供应商。有时还会增添诊断主题（体现与临床诊断相关的流程、与诊断有关的分组（DRG）等）以备不时之需。

图6—3中形象展示了财产与意外险行业中目标管理团队（OMG）给出的行业标准化分析数据模型。

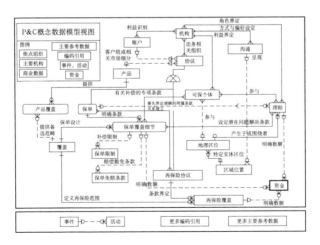

图6—3 目标管理团队构建的财产与意外险概念数据模型

数据模型的使用

数据模型（data model）的用途很广，其中一个重要的方面就是数据管控、数据质量及与之相关的基本数据管理。数据架构与管控团队借助数据模型使数据更加易于寻得，质量与可理解性也得到保障。

在组织希望开发、重新设计或者扩展其数据存储中心及相关分析环境时，数据模型也将扮演重要角色。无论组织如何建设其分析环境，总离不开有序梳理数据资产的逻辑方法。

数据模型可以是构建在企业全部职能领域之上的，也可以针对营销、核保、理赔等每个职能领域分别构建。较为先进的做法是构建企业数据模型，并按照企业的职能领域（业务主题）设计逻辑视图。数据模型可以是物理的（数据在数据中心里的存储方式），也可以是逻辑的（基于业务关系的数据视图和使用方法）。

数据模型用以在交易及分析数据中心里存储和读取数据，而企业有时会误将交易系统数据模型和分析数据模型混为一谈。虽说运营数据模型足以为运营业务提供支持，但通常也还需要另一个分析模型来辅助开展分析工作。

许多分析应用或预定义数据集合都对应着一个数据模型，但它们并非企业数据模型。这些模型通常都仅限于特定数据集或报告的主题范畴之内。本章介绍的重点是数据管理架构及数据管理：基于分析视角、贯穿于企业全部流程的模型和程序。

自建还是购买

一些企业自行创建了量身定做的数据模型，还有一些是建立在此前已有或已经定义好的保险行业数据模型之上，现在只是将其改良并加以利用。但当今最为盛行的做法其实是购买一套保险行业数据模型并按照企业的特定需求进行调整改造。对于那些更倾向于自行构建模型的企业而言，预定义模型也能为其提供必须的参考价值。

使用预定义模型有许多好处。闭门造车出来的数据模型往往是空中楼阁，将导致更高的前期开发成本和后续维护成本，而且不能有效利用行业内和跨行业的先进经验与合作。许多预定义模型是由行业标准组织推出的，比如联合研究与发展协会（ACORD），这是一家专为财产与意外险、寿险和再保险行业制定标准的机构。

ACORD为保险交易中主要群组（比如代理商、保险企业、保险人员及再保险人员）间的电子数据交换起草各种表单与数据标准。

ACORD正逐步发展并开发出了一个包含保险行业五大维度的ACORD信息框架，其设计初衷是为整个保险行业提供一个合理的企业参考体系结构（如图 6—4 所示）。

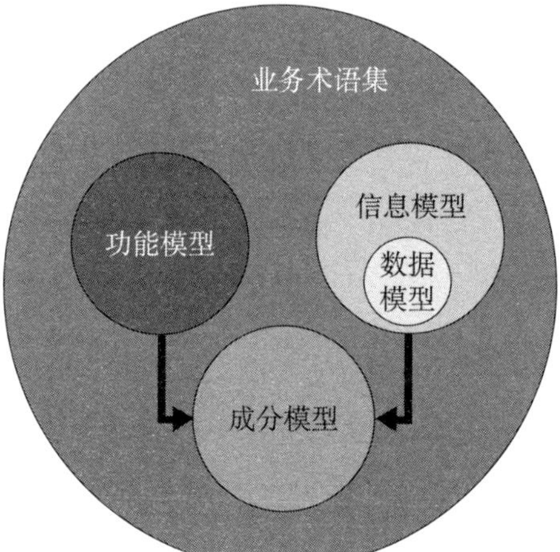

图 6—4　企业参考体系结构

● 业务术语集：涵盖保险领域所涉及的 3 100 余则常见业务术语定义（非技术定义）。该术语集可用来填补沟通空白以及为全体业务领域提供信息。

价值：开发数据词典的基础，有助于提升 BI 及分析方法的使用效果。

● 功能模型：定义保险行业的基本业务模块，是企业能力的基准线。其着眼点可以从保险企业开始，但并不局限于保险人员。

价值：对理解业务流程是极好的参考，更有助于描绘出为改善业务流程而设计的业务流程图。

● 信息模型：组织、阐释及关联保险行业核心概念。这是个独立模型，用以呈现整个行业的全局蓝图。它应当关注概念而非具体实施细则。

价值：为那些由业务部门和IT部门共同协作开展的合作项目提供信息主题方面的宏观图景与普适语言。

● 数据模型：衍生于信息模型，用以实现内容协同及可追溯性，同时保障前述两大模型的协调同步。数据模型将信息模型中抽象的概念转化为更加直观形象、可长期应用的数据格式（如存储）。

价值：帮助创建适用于数据库的物理数据模型，为数据存储中心提供价值基线，辅助验证企业已有的数据模型。

（注意：相比于分析数据模型而言，可能更加适用于交易数据模型。）

● 成分模型：将企业功能（业务流程）与信息相结合；针对应用程序编写中将用到的组件的开发工作提供设计框架。在实施时使用各个开发平台均能接受的中性技术界面。

价值：识别各个应用程序中能够重复使用及可相互交换的组件。

ACORD同时还是目标管理组织（OMG）——一个专注于跨行业数据模型及主题领域（如财务、人力资源及一些跨行业业务流程）的协会组织——等其他标准制定机构的成员单位。需要指出的是，保险企业（以及代理商）首先要成为

ACORD的会员，才能从中获取到一些标准及信息资源。为尽可能拓宽行业视野，ACORD与其他行业的专业机构也有着良好合作，包括美国健康险规划委员会（AHIP）、寿险企业管理协会（LOMA）及北美再保险协会（RAA）等。ACORD具备全球视野，在世界的每个主要区域都有分支，它经常开办一些论坛和教育项目，无论在成熟市场还是新兴行业市场都有其活跃的身影。

表6—1列出了一些已经公开并且保险行业最常用到的预定义企业分析数据模型。在考虑购买某一数据模型之前，保险企业应当审视该模型是否一直与ACORD信息模型同步更新，以确保主题领域的一致性。这样一来，便可减少整合过程中的矛盾并提升系统和数据的互通性。

表6—1 　　　　　　　　　　　　保险业数据模型

模型名称	代理商/机构
ACORD信息模型（全领域）	ACORD
寿险、健康险、财产与意外险数据模型	ADRM软件
IIDM（保险业数据模型）	CSC
IDW（保险数据存储中心），IAA增强版（保险应用架构）	IBM
财产与意外险	OMG
IDF（保险数据基础）	Oracle
财产与意外险、寿险与健康险行业IWS（信息存储解决方案）	SAP Sybase
FS—DM（金融服务—数据模型）	Teradata

数据管控与数据管理角色

数据管控及数据管理是企业内隐藏于后台但价值非凡的工作领域。数据管控通常有两大部分内容：管控规则与管控措施。后者是真正投入实战的过程，其对于并购、重组、新产品推介、新规推行等战略制定和创新的支持工作具有重要作用。进行数据管控较为先进的做法是，在BICC内安排专职人员总督数据管控项目。

在数据管理工作中付出的不懈努力将意味着企业能够获得具有良好持续性和一致性的数据。数据管理员通常是在特定数据领域从事基础工作的业务分析员，他们需要确保数据定义、用于计算的业务规则以及其他枯燥但重要的工作得到顺利实现。如果企业没有进行类似的管理工作，那么数据混乱和不一致的情况将屡见不鲜。

在财产与意外险行业，许多类似的信息专家都是保险数据管理协会（IDMA）的会员。保险数据管理协会是一家专业数据管理与教育机构。即便某家企业并未涉足财产与意外险领域，IDMA所倡议的许多优秀做法仍然适用。此外，也有许多非保险领域的专业数据管理机构，比如数据管理国际（DAMA）就是其中最为出名的一家。一般而言，数据管理专家在行业内组织及跨行业组织内都比较活跃。

数据管理角色

数据管理工作有几大必需的关键角色及职能。正如此前所提到的，业务用户所须承担的最重要角色即是数据管理员，但数据管理员也需要与其他一些角色共同开展工作。下面是数据管理中最常见的几个角色：

● 信息架构师：负责构建数据管理架构运行的基本准则，设立组织信息架构的愿景、目标及标准。

领域：IT 和 BICC。

● 信息建模师：负责创立、阐发、调整及维护在全业务领域内反映数据状态及使用情况的逻辑和物理模型。

领域：IT。

● 数据库管理员（DBA）：负责运营数据库及 BI 导向数据库的物理建设及后续支持工作。

领域：IT。

● 元数据分析师：负责对从各种应用程序和工具中获取的描述性元数据进行获取、整合与发布等工作。

领域：IT。

● 数据质量专员：负责分析与评估数据质量状况，识别数据质量问题，并与数据管理员、终端使用者和其他 IT 职能部门协同改善数据质量。

领域：IT。

● 数据管理员：负责总体数据质量改善工作，设立数据质量目标并在整个组织及各项业务条线上施加影响以达成前述目标。

领域：业务。

● 数据整合专员：负责对用以实施数据获取、转换、转移和传递等功能的数据整合工具进行部署与使用。

领域：IT。

数据管理的核心工具

数据管理过程中经常会用到一些专门工具，下面对核心的几个做重点介绍：

● 数据词典是一种特殊的元数据词库，或者说是"数据的数据"。而在其他数据、来源、用法及格式之间的类似关系，就是元数据。数据词典通常是自动建立的，主要以具备预设格式和界面的专业化软件形式存在，对于业务用户和 IT 用户通用。

● 主数据管理（MDM）是在定义和管理主数据——企业中的非交易数据体——过程中用到的一系列流程、管控、规则、标准及工具的统称。专业的 MDM 软件能够帮助实施主数据管理，即清除重复项、对数据进行标准化、执行大数据维护、引入业务规则来防范错误数据进入系统，以及形成主数据的权威来源。

● 主数据是指业务中所涉及的产品、账户（保单/合同）及群体（投保人/会员或代理商/经纪人/供应商）。由于各个业务单元和流程不断产生冗余数据，因此需要通过 MDM 来处理。MDM 为在整个组织内收集、聚合、匹配、强化、质量校验、留存和传递主数据提供必要的流程，从而能够保障数据的一致性，服务于其维护工作并实现更佳的使用效果。

APPLIED INSURANCE ANALYTICS **自我检测**

要点掌握

回答以下问题，检测你对本章重要知识点的掌握程度：

● 理解企业信息架构的内涵，以及企业信息架构与数据标准对于分析方法的重要意义。

● 对比分析逻辑数据模型和物理数据模型，并指出逻辑视图对于业务的重要价值。

● 理解数据管理中的核心角色及业务用户的最重要职责。

● 对保险数据模型中的数据主题有更高层面的认识和了解。

问题讨论

以下讨论问题，进一步检验你对核心概念的掌握情况：

● 说出数据的逻辑视图与业务视图的区别。

● 指出无效信息架构的三条可能原因。

● 说出并探讨建立有效信息架构的过程中所面临的三大挑战。

APPLIED INSURANCE
ANALYTICS **核心概念**

　　数据管控　为保障企业数据资产的可获得性、可用性、完整性和安全性所采取的总体管理措施和程序化方法的总称。数据管控中的核心元素包括数据管控委员会、数据管控流程、数据管理员，以及明确规定了各方职责（包括数据准确性、可获得性、一致性、完整性及数据更新）的数据管控规定。

　　信息架构　企业共享数据环境的结构化设计，它使数据资产在企业内外的共享与交换功能得以实现。信息架构包括一系列需求、准则和数据模型。

　　逻辑数据模型（LDM）　将企业数据按照数据实体及相互间关系构建起来的业务视图，但与具体的数据管理技术无关。

　　主数据管理（MDM）　由业务部门和 IT 部门联合发起，对企业管理层所掌握的主数据资产进行标准化、准确性、语义一致性及可解释性等管理工作而采用的技术性规范。主数据是指能够描述账户中客户、潜在客户、居民、供应商、门店、层级架构等企业核心数据体的可持续、标准化的识别信息或扩展属性。（来源：Gartner 集团）

可扩展商业报告语言（XBRL） 服务于电子化信息沟通所使用的业务语言。这种语言将有利于在准备、分析和业务信息沟通过程中实现成本节约、效率优化、准确性及可靠性提高。可扩展商业报告语言还是 XML 语言体系一员，该语言体系应用了一种在实际业务和互联网环境下通用的标准化信息沟通模式。（来源：XBRL 国际）

APPLIED INSURANCE ANALYTICS **延伸阅读**

Cook，Melissa A. *Building Enterprise Information Architectures*. Prentice Hall. 1996.

Silverston，Len. *Data Model Resource Book*，Vol. 1 and 2. Wiley & Sons. 2001.

Berson，Alex and Larry Duboy. *Master Data Management and Data Governance*. 2nd Ed. McGraw-Hill. 2011.

APPLIED INSURANCE
ANALYTICS

第七章
分析工具

不仅是保险行业，其他行业中也存在 BI 应用普及度和成熟度不足的情况。据技术分析机构给出的统计数据估计，现如今各个行业中只有约 10％的员工在使用 BI，即便保险行业中的使用率要高一些，但也不足 20％。该机构还预测，到 2020年，随着数据量的爆炸式增长以及业务的数据驱动性增强，75％的企业员工将需要使用分析方法。

目前，这样低的使用率是由多种因素共同造成的。缺乏可靠数据的获取途径是其中之一。在第六章中我们探讨了有效的数据与信息管理将如何改善数据的可获得性。第二个重要因素是终端使用者的技能差异及企业分析文化，这一点将在第九章中进行探讨。第三点是分析工具的复杂性和使用难度。在本章，我们将一起探讨有哪些可用的 BI 工具以及怎样为特定使用者选择合适的工具。

不同类型的使用者有不同的分析需求，因而在选择工具时应当充分考虑这一点。现如今，从软件供应商那里便能够获得各种各样令人眼花缭乱的分析工具。有一些整合分析包或套件囊括了多种类型的分析工具，使用时可按需选取，而另一些则是针对特定需求的独立工具。目前有一种趋势是从只会关注历史数据和"发生了什么"的纯报告式工具，转变为关注"正在发生什么"的探索与可视化工具，最终进化为关注"将要发生什么"以及怎样驱动形成预期绩效的预测工具。同时，终端使用者还越来越期望通过移动设备便能及时、便捷地共享由各类工具所输出的分析结果——尤其是报告和数据仪表，如图7—1所示。

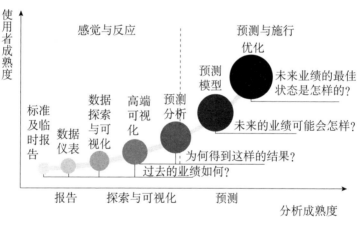

图7—1　分析工具的演化

最常见的分析工具： Excel

尽管企业可用的分析工具形形色色，但最常见的当属微软

Excel，尤其是在财务领域。使用 Excel 进行分析工作有一定的好处，最重要的两点就是无额外授权成本（Office 软件中已经包含了）以及熟悉的操作界面。不过，Excel 作为 BI 工具而言还是有一些不足，最主要的就是数据管理功能偏弱。通常使用时创建的新"表单集"或数据表都只是非正式数据源，容易导致进一步的数据混乱。

大多数专业分析工具都会附加整合 Excel 的功能和操作界面，因此既能够最大限度模仿 Excel 的易用性又可以提供 Excel 不能实现的数据管理功能、一些附加功能（高端可视化等）和管理权限（常见的数据获取与安全性权限）。

分析套件 vs 独立工具

目前来看，较为先进的做法是将各种工具相互整合强化，形成标准统一的分析套件或软件包，从而实现降低成本、适应用户操作习惯、便于授权等目的。此处的整合指的是将软件包内的全部分析工具设置统一的数据架构或语义视图（逻辑业务 vs 物理）以实现数据获取及其他功能模式的统一。就像报告中的通用数据仪表组件或图表组件、数据探索及预测模型等工具那样，整合式软件包的另一大裨益就是可以提高分析方法的普及率。权限管理则指类似用户数据获取权限授予等一系列功能。通过在软件包中的通用模块对所有工具的权限进行定义，便可省去逐个设定的麻烦。有时企业需要用到现行分析软件标准套件内未包含的某些功能，那么 IT 便需要根据这些扩展的需求重新评估并选择植入一些附加工具。当然，对 BI 标准套件所作的任何改动都应当基于真实的业务需求。

结构化数据分析工具的类型

多数分析工具都是结构化数据分析工具，它们可以大致分为以下几类：

● 数据仪表：样子有些像"控制仓表盘"，主要用于管理高层级指标或关键绩效指标（KPI）。数据仪表通常有多个视窗（核心指标、时间视窗、相关指标以及区域/产品视窗），并且常嵌入一些诸如条形滑块、刻度盘等的小组件来服务于特定的假设分析。理想状态下，数据仪表应当内嵌在软件包中，并且应能跳转到因果分析中对所选择的指标或属性进行深度探究。

图 7—2 中是健康险的数据仪表，其中可以看到一些数据可视化组件。左上角的战略目标框内列出了四个主要目标及带有红色指示灯的 KPI 指标。数据仪表上其他区域的信息都是对这些目标的进一步分解。右上角框内监测的是五个最主要诊断条件下对应的赔偿。左下角框内跟踪更新注册人数，

以服务于数量增长的战略目标。右下角框内是按服务类型和区域分的使用情况监测。速率表显示赔偿的严重性和频率。业务饼状图中呈现保费额与亏损额的构成，可用下方按钮进行切换。

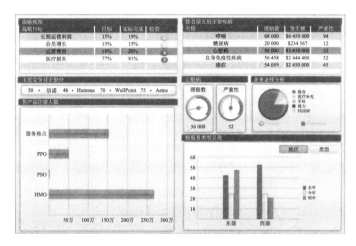

图 7—2　健康险执行数据仪表

● 数据发现与可视化工具：包括一些便于浏览的操作界面，它们专为数据探索而设计。其中一些工具提供了类似于谷歌搜索那样的文本输入功能，借助它便可便捷地找到特定数据集或参数（指标或属性）。还有一些图像化界面用以展示所查找到的数据，有些工具中还会根据所选择的数据自行设定默认图形。多数软件包都支持多数据集合并（即所谓的混聚）、数据操纵（聚类、拆分等）、数据强化（如剖析数据的时间或地理结构），以及计算（求均值、加总等）。与此同时，高端可视化工具正日渐兴起，比如 3D 分析。

以分销管理中的应用为例，市场部经理可以按需选择投保申请、已生效保单或保费等指标，并按照新业务 vs 续签、时间段、地域、产品、客户背景等加以审视。如果你重点关注销售大区这样的区域属性，那么可能会想要借助地图来对比地区间差异甚至重点研究分析其中一个地区。如果你重点关注产品组合，那么可能会想要看一下相关数据的饼状图或柱状图。图 7—3 展示了数据探索与可视化工具中最常用到的一些图表，许多也可用于数据仪表和报告工具之中。部分工具会根据数据类型给出默认的图形选项，而随着使用熟练度的提升，用户便可自行选取喜爱的展现方式。

数据发现与可视化选项示例

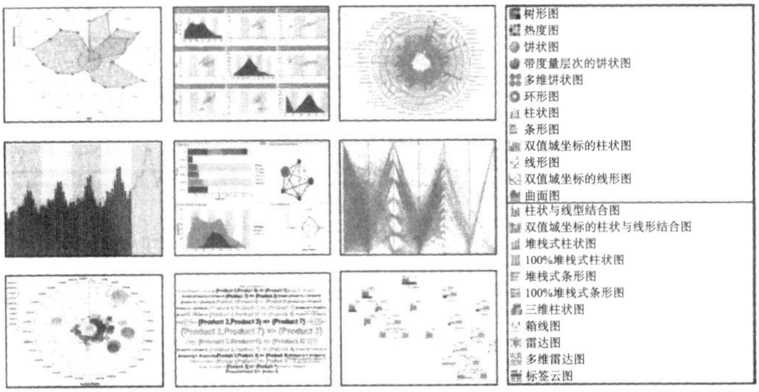

图 7—3　数据探索与可视化图表

● 报告工具：预置格式及特别报告工具。其中一些工具只需要平面文件，而另一些则需要使用资料方块或结构（比如

OLAP，MOLAP 及 ROLAP）。特别报告可以是专家用户能够自行创建的报告格式，也可以指能够在预先定义好的（包含关键指标与属性）模板上进行定制化调整的报告类型。预置格式报告是指你不希望变动或修改的报告类型，比如常规报告及管理报告。

● 预测工具：用于推断和预测未来可能发生的事件。主要包括预测模型的定义与执行，通常也会包含数据准备（提炼、操纵等）功能及结果的可视化功能。一般由一系列预置或用户自行设定的预测算法/模型所构成。表 7—1 分类展示了最常用的一些算法及对应的应用领域。

表 7—1　　适用于预测及数据挖掘的算法和应用领域

功能	算法	应用领域
分类	Logistic 回归 决策树 朴素贝叶斯法 支持向量机	响应模型 推荐"希望产品" 员工维系 信用违约模型
回归	多元回归 支持向量机	信用评分 客户盈利模型
异常检测	单类支持向量机	理赔诈骗 网络入侵
属性重要性	最小描述长度准则	手术准备、验伤分类 净推荐值
关联规则	预链接算法	购物篮分析

续前表

功能	算法	应用领域
聚类	分层 K 均值聚类 分层 O 聚类	客户细分 群组分析
属性提取	非负矩阵因子分解	文本分析、检索

表 7—2 中进一步展示了多种分析工具及其对应的核心特性与应用示例。

表 7—2 　　　　　　　　　BI/分析工具指南

工具类型：目的	特征	市场细分与活动管理
报告：共享	格式与设计相对恒定；重复使用。预先设计/定义好的内容；满足传递共享需要；便于打印的预定义格式	内部报告 管理
数据仪表：参与	KPI；时间序列分析；以视觉形式呈现信息；集合式数据结构；交互性强；简洁易用	绩效管理 计分卡
发现与可视化工具：探索及可视化	基础特性：高度可视化；针对趋势、异常状况搜索数据；交互性极强。高等特性：数据获取；兼并/组合；扩充与操纵	销售管理报告
预测工具：预测	算法库；预定义模型；数据整理、建模/挖掘；结果可视化	市场细分和商业活动管理

使用者分类及推荐使用的结构化数据工具

最常见的用户分类方法如下：

● 执行官/高层管理者/机构：监测、分析和检索企业及事业部或区域数据。大量使用移动设备，尤其是 iPad 或平板电脑。

用到的主要工具：数据仪表、数据检索工具。可能需要其他用户提供分析支持。

● 中层管理者：监测、分析及检索部门、分支机构或业务条线的业绩数据；层级低于执行官/高层管理者/董事。与执行官/高层管理者共享信息。多使用台式电脑或移动设备。

用到的主要工具：数据仪表、报告、数据发现及可视化。

● 业务分析员：主动或应管理层需求对绩效数据进行分析。创建、编辑与共享分析结果。习惯于使用 Excel 风格的界面，尤其是财务分析员。使用台式电脑或移动设备。

用到的主要工具：特别报告工具、高级数据发现与可视化工具、预测分析。

● 数据专家/预测分析员：整理数据、创建并运行算法，以及共享有价值的新发现。需要较高的数据获取权限、计算与数据处理功能。使用台式电脑及云端功能。

用到的主要工具：预测分析、文本发掘、事件侦测及数据可视化。

用户成熟度及工具的演化

分析沙盘、精心设计的测试环境通常被用来对所评估的新工具进行测试和反馈，以使其更加完善。通过提供协同用户及 IT 实验室，这些环境设计能够有效帮助提高用户使用度。BICC 通常会从管控的角度出发来创建并管理沙盘，比如定义功用、确定权限、选择工具并授权、收集评估反馈等。

非结构化数据分析工具及文本发掘

前面所探讨的多数工具均以结构化数据为基础。而文本及其他一些非结构化的数据类型（图像、图表等）正日益受到人们的关注，并开始借助文本发掘来发掘其内含的有价值信息。从最简单的 Boolean 搜索（用于谷歌及其他搜索引擎）到更加复杂的可评估情感（例如态度、情绪、意见等的积极、消极或中立状态）的**情感分析**（sentiment analysis，亦称**意见分析**，opinion mining），都属于文本发掘的范畴。

文本发掘（text mining），亦称作**文本数据发掘**（text data mining）或**文本分析**（test analytics），即从文本信息中获取启发。文本发掘运用切词法及**自然语言处理**（NLP natural language processing）等多种技术来对文本进行解构化剖析。

文本分类标准及特定词汇还可用来对数据进行归类、界定同义词，以及界定"停止"词条以防得出"虚假的"搜索结果。

标准的文本分析包含文本划分、文本聚类、概念提取（自动化标识）、文本分类、文本总结，以及实体关系建模（即实体间关联）等主要任务。文本发掘在**企业内容管理**（enterprise content management）——广义数据管理与信息架构领域的应用分支——中亦有重要应用。

文本分析（text analysis）包含信息检索、分析词频分布的词汇分析、模式识别、标识/标注、信息提取、数据挖掘技术（包括联结与关联分析）、可视化（如标签云）及预测分析。在标签云中，字体大小通常代表着某个词或词组在文本中出现的次数多少。

这方面最典型的应用是，对一系列文本进行地毯式"扫描"并按照一定的模式对所提取到的信息进行分类，或将其补充入数据库及索引之中。

在保险行业中，文本分析通常用于客户/代理商态度、理赔或核保申请、诈骗监测、代位追偿分析、新增赔偿风险分析等多个方面。文本分析可用于发掘结构化数据（比如，毒素可被编码为赔偿归因）所需的"编码价值"，乃至其他结构化数据的应用领域。

平台

BI 工具可安装在移动设备上，也可安装在台式电脑中，还能够置于共享设备、云端乃至主机之上。基于云端的软件设备已成大势所趋。但其实，业务用户并不需要关心 BI 工具安装在哪里，他们只需确保随时随地都能够使用这些工具即可。

BI 工具成本及标准

软件版权费仅仅是 BI 总体拥有成本的一个组成部分。BI 成本可以大体分为以下五个方面：BI 软件版权费、BI 软件版权维护费、行政管理费用、技术支持费用以及用户培训费用。

业务人员需要考虑两方面内容：（1）易用性，即各个软件尽可能保持统一的操作界面从而便于使用；（2）成本，即业务部门为这些 BI 工具最终支付的费用及其他相关成本。

表 7—3 针对这些成本给出了更加详细的说明及其平均成本构成。

表 7—3　　　　　　　　BI 总体拥有成本的构成

成本类别	说明	指南
BI 软件版权成本	软件版权成本	版权费用收取形式差异：计期收费 vs 计数收费

续前表

成本类别	说明	指南
BI 软件版权维护成本（软件版权费的 20％）	年度软件维护成本	一般是年版权费的 20％
行政管理成本（10 万美元＋40％收益系数）	BI 行政员工工资（年薪＋绩效）	××个 BI 用户需配备×位行政员工
BI 技术支持成本（每个电话的平均成本——20 美元）	BI 技术支持员工工资	每个 BI 用户一天可打 3 个技术电话
用户培训成本（每门课程平均成本——1 500 美元）	用户培训成本	25％的 BI 用户每年接受一门课程培训

据 Gartner Group（一家技术分析公司）测算，"那些不愿对 BI 工具进行投入的公司将因陈旧工具而产生 50％的多余成本"。考虑到确实可以省下一笔不小的开支，越来越多的机构开始优化它们所拥有的 BI 工具，并且尝试将其整合入单一的 BI 套件之中。

APPLIED INSURANCE
ANALYTICS **自我检测**

要点掌握

回答以下问题，检测你对本章重要知识点的掌握程度：

● 从用途、使用方法角度对主要的工具类型进行比较。

● 对比分析典型的用户分类方法、信息需求及最适合的工具。

● 理解 BI 强化的好处。

问题讨论

讨论以下问题，进一步检验你对核心概念的掌握情况：

● 给出将 Excel 作为 BI 工具的两个优势和两个劣势。

● 说出使用 BI 套件相对于单一 BI 工具的两大优势。

● 比较 BI 标准化过程中涉及的三个成本节约领域。

APPLIED INSURANCE
ANALYTICS **核心概念**

分析沙盘　一种仿真环境，即用户与开发者能够在其中对工具、数据集等进行"运作模拟"。

特别报告　一次性报告或标准报告的定制化版本。标准报告指的是常规化制作和使用的报告形式。

BI 标准化　对软件程序的数目进行削减或合理化的过程，其终极目的是选定标准 BI 服务商并对其产品集中未满足需求的予以剔除。BI 标准化的好处包括降低总体拥有成本，以及提高标准化平台及界面的用户使用率。

（BI）数据仪表　一种数据可视化工具，它能够在一个视图中呈现一些指标和 KPI，就像汽车上的仪表盘一样。数据仪表既可以专为某种特定功用设计，也可设计为在一个功能模块下由分到总进行数据呈现的形式。它通常包含一些插件，如速度计、滑块等。另外，数据仪表还应实现从最初仪表视图到精细报告（如包含数据选取规则的专门分析报告）切换。

数据发现 从数据中发掘有价值信息的过程。

计分卡（平衡计分卡） 见第四章。

可视化 借助一系列视像呈现工具（如饼图、柱状图、点图、标签云等）对 BI 或分析结果进行视觉化呈现的过程。

APPLIED INSURANCE
ANALYTICS **延伸阅读**

Spangler，Scott and Jeffrey Kreulen. *Mining the Talk：Unlocking the Business Value in Unstructured Information*. IBM Press/Pearson，plc. 2008.

Eckerson，Wayne. *Performance Dashboards：Measuring，Monitoring & Managing Your Business*. John Wiley & Sons. 2010.

Siegel，Eric and Thomas H. Davenport. *Predictive Analytics：The Power to Predict Who Click，Buy，Lie，or Die*. John Wiley & Sons. 2013.

Tufte，Edward. *The Visual Display of Quantitative Informa-*

tion. Graphics Press. 2001. 经典文献，关于可视化的"圣经"。工具可能会不断变化，优秀的设计准则却始终如一。以下两本相关书籍非常值得推荐：Envisioning Information（1990）；Visual Explanation（1997），两本书出自同一作者。

APPLIED INSURANCE
ANALYTICS

第八章
组织和实施分析战略

随着企业需求的变化以及新功能的开发，分析方法在不断演进，企业也需要建立一套适合的 BI 或分析战略，同时还需要配备相应的流程、人员和技术来对战略进行维系和升级。BI 竞争力中心（BICC），有时又称作 BI 卓越中心（CoE），则是解决前述问题的关键。

BICC 的出现已有多年历史，由于其具备可观的管理价值，现今仍十分风行。BICC 能够很好地管控优先事项、共享最佳实践经验、管理成本、选择工具、促进分析方法的采用，以及推动分析文化的培养。相比未采用 BICC 的企业而言，配置了 BICC 的企业通常能够更好地使用信息资产，降低成本费用，获得更好质量的数据，并且具备更高的灵活性和抗风险能力。据 Gartner Group 估算，配置了 BICC 的企业仅需 2.8 个全职 IT 服务人员即可支持 100 位用户的使用需求，而在未配置 BICC 的企业中，这一数字则为 4 个。BICC 还能带来开发时间以及软件版权费用的节约。许多企业也在开发建设 BI 实践社区（CoP），力求将一些最佳实践经验共享出来，同时推动行业进步。尽管这些社区也十分有价值，但它们只能作为 BICC 的补充而无法最终取代之。

图 8—1 展示了 BICC 的主要工作：总体管控架构或组织；项目管控；制定 BI 路线图及里程碑；BI KPI 及其评估、培训与教育；终端用户支持。在企业总体的 BI 战略下，业务用户与 BICC 在多个方面有所交互，包括界定业务需求及价值、确立 BI 项目、参与数据管控、培训教育，以及技术支持。下面这一部分将会对前述模块进行详细剖析与回顾。

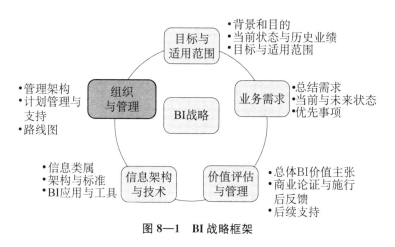

图 8—1 BI 战略框架

界定目标与适用范围

对于 BICC 而言，首先也是最重要的即为界定、记录以及传达企业的 BI 战略目标与适用范围，包括背景和目的、当前状态与历史业绩，以及当下和未来的目标与适用范围。BICC负责人应当同各个部门组织及管控机构进行合作，确保 BI 战略以业务为导向并且与企业总体的业务战略相协同。业务用户则需要参与业务需求界定、优先级设定、资金申报，以及贯穿始终的数据管理工作。

建立组织和管控架构

BICC 需要通过组委会来开展工作。通常而言，企业会设立不同层级的组委会及其成员班子：层级 1——执行管理组委会；层级 2——运营或工作组委会；层级 3——个体贡献者及IT 支持组委会。执行官和高级经理参与执行管理组委会和运营组委会的工作，后两者与 IT 及来自业务领域的个体贡献者通力合作，对 BI 项目的优先级进行界定并为各个项目分配资金。

组织与管控模块下的其他关键领域还包括终端用户培训与教育以及后续支持。员工对组织工具和标准报告的快速熟悉和上手对于支撑决策驱动的组织文化至关重要。在使用 BI 工具以及处理数据获取或系统问题时，持续的技术支持亦不可或缺。许多企业和组织已经建立了应用实践团队或内部用户组委会来提高自行解决问题的能力。还有的则建立了在线用户分享平台，实时共享最新报告、技能、可用资源等。更有一些企业借助沟通分析专员来管理这些全新的终端和功能。

自助式 BI 战略与功能日益成为主流。随着企业分析成熟度和对分析方法需求的提升，IT 部门便难以及时全面满足用户的需求。而且，需求愈发精细的终端用户往往希望能够创建自己习惯的报告与可视化呈现方式。因此，IT 部门的角色蜕变为数据供给、实现更便捷的数据获取、基础设备维护及提供适用 BI 工具之一。

要想使自助式 BI 获得成功应用，有四个方面的关键内容需要予以关注（如图 8—2 所示）：

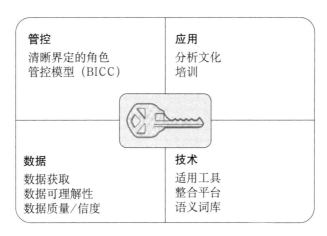

图 8—2 自助式 BI 有效施行的关键点

● 管控：按照用户角色界定好自助式 BI 的适用范围，并且确保现行的管控架构已升级到足以支持自助式角色和功能。

● 应用：弄清楚支持自助式分析文化需要做哪些事情，以及终端用户所必需的培训需求。比如，开发建立兴趣/实践小组或设立帮扶团队。

● 数据：按照终端用户界定清晰数据获取权限，确保数据的可理解性（定义、计算、来源和更新）以及数据质量水平，从而使用户能够放心使用。

● 技术：确保用户使用恰当的工具来解决对应的分析问题，建立有关分析方法交流共享的整合平台以及基于业务视角的语义词库，从而帮助用户更加便捷地获取和使用数据。

审视业务需求

作为年度计划流程的一部分，业务部门应当每年对其 BI 需求进行重新审视、确定优先级和升级更新，并在接下来的12～18 个月中完成其目标所需的支持性项目与功能提交给 IT 部门。一般而言，随着时间推进，许多临时性的需求也会逐渐产生。

BICC 应当建立一个标准化的需求提交流程以及需求审核委员会，通常由总体战略或工作组的一个机构来承担其工作。

业务部门也往往会指定兼职人员作为业务分析专员和数据管理员加入到 BICC 的工作架构之中。

价值评估与管理

要实现对需求优先级的合理设定，就必须能够有效评估某个项目的商业价值。由业务部门指定的业务分析专员需要经常性地对价值进行定义或记录。一些企业甚至引入了另一种角色——KPI 分析专员，但其工作职能可由业务分析员或来自财务部门的成本会计分析员兼任。

对于特定项目而言，记录其商业价值的另一个关键时段是实施后的阶段。这些价值管理活动对于 BICC 和 BI 项目充分传递项目价值并确保持续的资金支持十分重要。有关 BI 项目的价值型管理方法，具体见第五章。

信息架构与技术保障

业务部门指定数据管理员参与到数据管控团队的工作中去，他们通常需要制定出的数据定义包括指标和 KPI，同时还需要明确属性价值或编码描述（例如利润中心、产品类型等）。

在定义数据分类或数据模型的设定与维护过程中，数据管理员也扮演了重要角色，尤其是随着非结构化数据与文本信息的增加，定义文本分类方法同样离不开他们的协助。同样地，这些角色亦可由业务分析专员担任。IT 的工作是确保信息架构能够有效支持组织运转和数据的逻辑框架，并保障信息安全。

　　要实现最低拥有成本和最大化的业务应用性，目前较先进的做法是引入标准 BI 套件。BICC 的职责是评估、选择并培训用户使用恰当的工具，这是前面所提到的自助式 BI 演进以及高等分析（如数据和文本发掘）的必然要求。BICC 同时还会参与选取合适的 BI 和分析应用来完成预算、规划、成本核算等工作。

相关事项

BICC 项目管控

　　项目管控是对总体 BI 项目中所涉及人事、政策以及流程的统称，具体包括申请流程、申请审阅以及优先事项设定。通常而言，IT 部门仅关注项目层面的技术问题，而项目管控则意味着对 IT 部门的工作成果进行系统化和战略化的审视，避免局限于操作层面的被动行事。用户的参与有两方面内容，一是作为需求发起方,二是在工作组中争取该需求的优先权。

BI 路线图和里程碑

任何一家企业和组织都应当充分利用 BI 路线图来展示核心的初始方案及其相关影响因素,从而使全体人员切实掌握总体 BI 战略的当前状态与未来前景。对于业务用户而言,他们无法洞悉许多基础性项目的进展。而 BI 路线图则应是对业务用户开放的,比如发布在 BI 兴趣论坛或内部网络中。

BICC KPI 及其测量

BICC 需要从战略和战术两个层面以可衡量的方式呈现企业 BI 项目所产生的成果。关键目标、KPI 以及相关的措施都应当提前界定清晰。实现这些任务的方式之一即是 BICC 计分卡。如图 8—3 中所显示,该 BICC 拥有四大主题模块,并分解出许多细化的目标和要求。这其中的每个都对应着相关的评估指标、目标、举措以及预算。

例如,在内部客户战略模块下有两个核心目标:提升终端用户生产力和提供高性价比的创新型 BI。一项覆盖 75％BI 用户的自助服务目标便由此设立,并且配备相关的 BI 升级项目与经费支持。BICC 计分卡要做的就是对这些目标的实现情况和其他核心指标进行检测。

图 8—3　BICC 战略示意图及计分卡示例

资料来源：SAP BusinessObjects 2009 Australia Insight Conference Presentation
BI Competency Centers:People+Information=Intelligence

战略示意图	目的	平衡计分卡		行动计划	
主题：数据驱动式决策		评估指标	目标	措施	预算
财务	• 削减BI基础成本 • 削减BI资源及人力成本	• BI环境的数量 • BI工具的年度维护与技术支持成本	• 1个 • 低于7.5万美元	• BI工具增强计划 • 综合版权费协商	• 15万美元 • 1 FTE（80小时）
内部客户	• 提供高效便捷的信息获取途径 • 提供最先进的BI功能	• 终端用户满意度调查 • 自助服务用户数量 • BI服务可用数	• 85%满意度 • 75% • 15个服务	• 在线用户调研项目 • BI升级	• 5 000美元 • 35万美元
IT服务管理	• 改善首次发生事件解决能力 • 开发在线培训项目 • 提高BI支持事件跟踪处理能力	• 首次发生事件解决比例 • 解决BI事件的时间 • 在线BI培训课程的数目	• 60% • 4小时 • 10档入门课程，5档高级课程	• BI专门教育项目 • BI事件管理提升项目 • 技术台升级改造项目	• 15万美元 • 15万美元 • 20万美元
学习	• 开发必需的BI技能 • 开发BI沙盘推动创新	• 资源接口的数量 • 平均进入比例 • BI沙盘的可用性	• 每月50个 • 4/5 • 95.999%	• 资源库激励项目 • 配置BI沙盘	• 5万美元 • 10万美元

图 8—4 展示了 BICC 回报收益及运营绩效的技术指标范例，这些在 BICC 数据仪表或计分卡中都有所包含。回报收益包括项目、成本、使用情况以及质量。运营绩效包括系统和数据可用性、加载时间、储运损耗及培训。

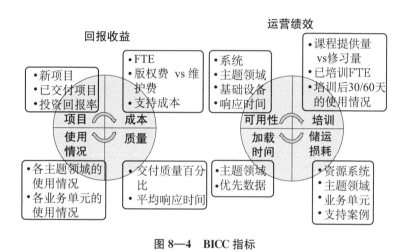

图 8—4 BICC 指标

培训及教育

用户培训和教育包括按照角色设置培训课程、发现新增培训与教育需求、评估培训项目的效果（包括对用户分析方法采用度的影响）及用户支持。开展课程所需的定制化产品通常由软件服务商提供。企业可以购买这些课程并通过其知识管理网络向员工们公开。出于资格认证及继续教育项目的需要，许多交易机构和专业协会都可以提供这种课程。技术分析公司、专门技术与分析机构则能够提供精细化的分析论坛或讨论区。

随着对分析方法和自助服务需求的提升，人们对可视化技术、数据挖掘、文本发掘、地理信息系统、整合式社交媒体和第三方数据等方面的培训需求也逐步加强。有鉴于此，所开设的课程应当持续更新以涵盖最新技术、工具和概念。业务用户必须明确其使用需求以便人力资源、培训机构和 BICC 能够及时审视并更新其课程列表。

作为广义人力资本与智慧分析管理项目的一部分，BICC还应与人力资源部门通力协作，对员工分析能力的基础水平进行摸底。此类评估可按照分析角色来进行测评，其成果的意义不仅在于帮助招募到更加优秀的新员工，而且还可以辅助判断在员工职业生涯发展的过程中，应当在哪些方面投入培训和发展力量。详情请见第九章。

用户支持

无论业务用户使用 IT 设计好的报告模板还是自行创建的报告，都会遇到系统响应、安全性、数据可用性以及其他诸多领域的问题。此时，业务用户便可向 IT 技术台以及 BICC 寻求帮助。通常而言，IT 会进行初步处理，而 BICC 则提供更深层次的帮助。对支持需求的有效分析能为培训教育项目的设计，以及未来 BI 能力改善提供有价值的反馈。

BICC 组织架构

BICC 有多种组织形式，具体采用哪种要依企业文化及其 BI 成熟度而定。每种组织形式都有其利弊，而无对错之分。表 8—1 列出了四种最常见的形式及其优缺点。

表 8—1   BICC 组织形式

形式	优点	缺点
BICC 在 IT 部门架构之下（IT 的子部门）	• BI 的目标能够集中在 IT 部门内进行统合协调 • 简洁的报告结构使其更加易于管理 • 首席信息官负责权衡利弊并与其他战略目标进行协调	• 可能缺乏业务端的参与/协助 • 可能被认为与 IT 混为一谈 • 长期的资金支持风险 • 缺乏企业的整体视野
虚拟 BICC	• 不需要专门人员和资源便可实现业务端需求输入 • 企业整体视角	• 需要强有力的 BICC 负责人以及清晰的角色界定 • 亟须 BICC 绩效指标来强化责任意识 • 可能因虚拟资源未切实到位而缺乏支持
BICC 在运营部门架构之下（或者其他 CXO 职能机构，如财务部门）	• 关注 BI 的业务应用价值 • 高层管理支持（首席运营官） • 首席信息官负责权衡利弊并与其他战略目标进行协调	• 需密切管理业务和 IT 角色 • 可能被视为自上而下的企业集权管理，而非业务单元驱动

续前表

形式	优点	缺点
分散的 BICC	• 各部门间的紧密联系确保了充分的高层管理支持 • 企业整体的广阔视角	• 需要强有力的 BICC 负责人以及高层管理者的参与 • IT 与业务部门的联合参与 • BICC 业绩指标需要有效沟通 • 业务单元可能会试图推进自身的目标事项

且不管这些复杂的后续事项，最重要的是先要有一个 BICC。如果的确没有，那么不妨在 4~8 周内试点建立起来，先只开展一个 BI 项目，而后再在开展其他 BI 项目的过程中逐渐完善 BICC 的其他功能。

BICC 角色与责任

BICC 中的许多人员都是兼职的，其中一些还可能归属业务部门。但这里面还有几个非常关键的角色，他们应当全身心投入到 BICC 的工作职能之中，不论 BICC 直属哪个部门的领导。下面便是一些前述的关键角色，并且给出了对应的职位描述、重要性和工作时间要求。

● BICC 负责人：以提升 BI 在企业中的价值、挖掘其潜力为己任，负责确保 BI 战略和 BI 项目能够与企业战略相协同，并充分满足业务需求。在 IT 与业务部门之间进行沟通联络，建立并监测 BI 战略施行以及 BICC 工作的核心绩效指标。统筹管理 BICC、服务商关系与版权维护，并向内部用户群组提供支持。管理 BI 标准及模板。代表 BICC 与业务单元之间在服务层面达成共识。与首席战略官配合行事，隶属于 BICC。（十分重要；专职）

● 首席战略官（CSO）：负责企业的分析事务，致力于以信息驱动决策，属于高层业务管理者。与 BICC 负责人以及首席信息官配合行事。首席战略官又称首席数据官，只是其重点在于如何使用数据，而非关注数据安全和隐私。通常是在高层管理团队中的"CXO"角色。（可选；专职）

● 业务分析员：透彻理解企业当前的业务规则和流程，对业务需求、目前企业对数据的使用情况与变化，以及应用于数据的业务规则进行整理。可隶属于 BICC 或业务单元。（十分重要；兼任）

● 首席数据管理师：识别数据质量与完整性方面存在的问题，并就初步解决方案给出建议。管理跨部门的工作方案以解决数据问题。制定并实施数据管理战略，确保信息有效传递。协调、指引甚至常常需要主持数据管理委员会的工作。考虑到对外部数据报告质量的极高要求，这一角色通常由财务或精算部门指定。隶属于 BICC。（十分重要；兼任）

● 数据管理专员：全面负责改善数据质量、设立数据质量目标，以及推动企业文化和业务流程优化以达成前述目标等工作。该职位通常可由隶属于业务单元的业务分析员兼任。（十分重要；兼任）

● KPI 分析专员：负责制定核心绩效指标（KPI），包括业务计算规则以及 KPI 的应用商业价值。该职位可由业务分析员或来自业务部门的成本核算专员兼任。（可选；兼任）

● 沟通专员：负责创建和维护终端用户社区及相关内容，包括 BICC 计分卡或数据仪表、核心项目的进展、新推出的培训计划、管理委员会会议、数据管控升级等。（可选，但作用正在逐渐增强；兼任）

设立 BICC

BICC 涉及多个十分重要的领域，但在设立初期并不需要一次性解决如此多的任务。许多企业和组织首先会建立一个虚拟 BICC，通过发动部分 IT 人员和业务用户来暂时承担诸如数据管理业务案例开发等的相关工作。通常而言，隶属于业务单元的业务分析员会参与到虚拟 BICC 的运作。

要顺利设立 BICC，首先需完成几项重要工作，包括任命一位专职的 BICC 负责人、选定 BICC 组织形式、获得资源支持、设定总体 BI 计划管控模型、定义 BICC 指标体系以及确保整个企业都能实时洞悉 BICC 的进展与成果。

即便企业并未建立起正式 BICC，但很多相关职能其实已经存在。在这种情况下，我们强烈建议企业对核心的 BICC 功能进行审视和梳理，以确定其现状和落实程度，进而评估现有功能及空白领域，这对于规划设计 BICC 建设路线图十分有益。

许多企业由 BICC 试点开始，逐步建立起完善的 BICC。它们在一个既定 BI 项目推进的过程中不断强化和提升现有能力，而后随着新增项目的实施再持续补充完善其他 BICC 功能。

总而言之，配置了 BICC 的企业能够在将风险降到最低的同时实现 BI 目标的价值最大化。随着 BICC 的成熟，企业便可以由战术导向型 BI 向战略型 BI 转变，此时在 BI 总体投入成本中战略投资的比例将会增加。当这一战略型系统化 BI 框架以及其相关的分析项目能够帮助业务部门改善财务绩效并与企业战略目标相协同时，它便完成了其最根本的使命。

APPLIED INSURANCE ANALYTICS 自我检测

要点掌握

回答以下问题，检测你对本章重要知识点的掌握程度：

● 理解 BICC 的角色以及业务用户是怎样与其进行交互的。

● 回顾自助式 BI 的发展趋势以及自助式 BI 战略的核心构成要素。

问题讨论

讨论以下问题，进一步检验你对核心概念的掌握情况：

● 回顾 BICC 的四大核心职能。

● 描述 BICC 中包含的三个核心角色。

● 说出四种 BICC 组织或运营模式，并阐述各自的优缺点。

● 阐述 BICC 能够带来的两方面收益。

APPLIED INSURANCE
ANALYTICS **核心概念**

BI 竞争力中心（BICC）　为支持、开发以及管理企业 BI 战略与优先事项而设立的专门机构。其相关职能领域涵盖业务需求、数据质量、数据管控和总体 BI 计划管控。有时又称作 BI 卓越中心（CoE）。

BI 计划管控　用以支持企业业务信息及分析能力的战略指导原则、决策制定流程和监管程序的总称。

自助式 BI　终端业务用户凭借 IT 部门提供的工具和架构

自行创建业务信息报告或分析方法的能力，有从单纯报告向更多的数据探索和分析演进的趋势。可能会涉及预测性分析、数据挖掘以及文本发掘。

APPLIED INSURANCE
ANALYTICS 延伸阅读

Business Intelligence and Performance Management；Key Initiative Overview. Gartner Group. 2013. （Research Brief）.

Miller，Gloria J.，Stephanie V. Gerlach，and Dagmar Brautigam. _Business Intelligence Competency Centers：A Team Approach to Maximizing Competitive Advantage._ John A. Wiley & Sons. 2006.

APPLIED INSURANCE
ANALYTICS

第九章
分析技能与文化

数据是保险企业的核心资产，而 BI 战略执行以及推动企业分析成熟度演进却并不只是有了战略规划就可以实现，因为前述过程还必须要有具备相应技能的人员配置。并非所有员工都要成为数据科学家或者分析师之类的角色，但至少要对其正在使用的数据保持足够的关切和参与度。

技术分析公司预言，到 2020 年，将有 75％的企业员工需要在工作中用到分析方法，而有研究显示这一数字在当下大概只有 10％。企业在招聘时吸纳一些具备基础分析技能和天赋的员工，并对现有员工进行分析技能和应用的提升训练，这是提高企业员工工作能力的关键。

诚然，领导力以及企业层面的分析方法和战略目标是文化的基石。但与此同时，下面这些方面的问题同样需要得到有效解决：责任制、业务协同、沟通、组织架构、角色与职能、技能以及团队协作。本章将阐述业务和 IT 部门所需的技巧与能力，以及提升员工技能和分析潜质所需的战略与战术方法，这些都是营造数据驱动的决策文化不可或缺的组成部分。

分析技能与分析价值链

要营造分析文化并促进分析技能提升就必须解决以下问题：

● 明确所需的核心分析技能。

● 在收集、评估以及呈现信息的过程中探索、解决所面临的挑战。

● 有效沟通并将分析方法与业务流程有机结合起来。

分析技能指的是基于可用的数据信息，通过可视化、沟通表达等方式作出合理决策的能力。此类技能包括在收集和分析信息、设计和测试解决方案以及制定计划过程中运用逻辑思维的能力。不同职能角色需要不同的分析技能，比如并不是每个员工都需要像数据科学家或数据建模师那样的技能。但每个员工都应当具备基本的分析思维模式，包括理解分析方法如何支持企业实现其使命、战略和业务单元目标，并配以相应的基本分析技能。

分析技能包括：

数据准备：收集和准备数据，为后续分析流程中进行分析提供基础支持。

数据探索：通过各种方式查看及分析数据；在不同时间点上针对各个维度（地理区域、产品、业务单元等）的指标或KPI（总数、体量等）进行探索。

数据可视化：用最恰当的图形呈现方式分析数据，如饼图、柱状图、气泡图、区域地图以及热区图等。

数据提取：从较大数据集或综合性数据集中提取出分析所需的数据子集。

创建报告：借助报告工具创建新报告或修改现有报告模板。

细分：将具备类似特征（如收入、年龄、平均支出水平等）的数据归集为特定类属或集群，通常会借助预测工具。

系统开发与管理：创建并批量开发可重复利用且通常是自动规划好的分析模块，向不同群体的使用者赋予相应权限。

业务专长：处理特定"领域"事务或业务知识（如跨行业业务流程或职能）的能力，如财务、营销或精算、理赔、核保等行业专门业务。

决策：基于数据和分析方法制定决策。

图9—1按照职能角色展示了整个分析价值链以及所需的核心技能与任务。

阶段

| 分析机会识别 | 数据准备 | 预测、建模及检验 | 将分析方法植入应用程序 | 分析方法的操作性审查 | 评估、决策及行动 |

业务用户/经理
数据库管理员
数据挖掘师/统计员
业务分析员
IT应用程序员
IT系统管理员
业务用户/经理

角色	技能/任务
业务分析员	数据探索、数据可视化、报告创建
数据发掘师/统计员	数据准备、数据提取、细分、预测建模
数据库管理员、IT应用程序员、系统管理员	数据提取、系统开发与管理
业务用户/经理	数据探索、业务专长、决策制定

图9—1 分析价值链及其使用者

其他一些技能也可以与分析技能相互补充，并同样因业务领域、系统或技术使用者而异。业务分析员可以受益于**设计思维**（design thinking），这是一种常用于产品开发、业务规划、问题识别、业务案例开发以及应用案例开发过程中的创新方法。系统分析员或技术员则应运用**系统思维**（systems thinking），一种常用于系统开发生命周期、组织知识、问题识别，以及问题分析和化解过程中的结构化方法。业务部门与 IT 的协作仍然十分重要，这将有利于达成业务需求所需分析方法和能力的构建。

分析人才管理

人才管理指的是对人力资源的规划和管理过程，包括招募、维系、开发以及绩效管理。早在 2000 年，麦肯锡即在其研究和报告中引领了该领域的发展演变。在初始的招聘及后续的专家开发过程中，各企业不断扩展和应用这些方法（也包括分析天赋测试等）。在聘用分析专家（如数据挖掘师、统计员和数据科学家）这类以分析为核心角色的人员时，分析天赋评估就应当包含在应聘者面试和评估流程之中。更进一步地，即便在招募普通员工时，但凡其职位描述中包含分析内容，那么就应当进行一定的分析天赋评估工作。

由于企业对分析专家的需求十分旺盛，为更好地理解分析专家的特性、日常工作任务，以及吸引、招募和维系这些专家所要做的工作，相应的评估模型应运而生，如图9—2所示。

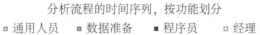

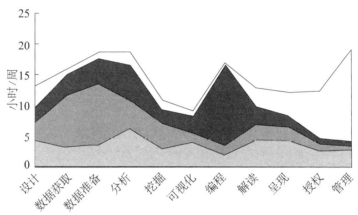

图9—2　按照职能角色划分的时间序列分配

资料来源：Talent Analytics，Corp.

建设分析文化

仅仅招募掌握了分析技能的员工远远不够，因为分析技能是个人发展的一部分，或者说向数据驱动型企业转变是企业使命陈述中的重要一环。企业要想发展便绝不能只是说说而已，而应当付诸行动，强调员工在日常工作中尽可能使用分析方法，进而将其渗透到整体的文化和内外部企业行为当中。执行和管理领导力是创建分析文化并提高采用率的最有效方式。接下来的案例分析展示了企业如何搭建分析文化。

案例分析 ───────────────────────────▶

在销售实战中践行分析文化

　　一家《财富》1 000 强的软件公司打算提升其销售预测的时效性和准确性，这项工作目前大部分借助 Excel 完成。这一人工流程并不精确，导致官方预测结果与非官方"影子预测"结果存在出入。这样的双重预测不仅自相矛盾、耗时费力，而且更为严重的是它导致最终预测结果缺乏信服力。这使得管理层不得不下调或者上调销售计划，但由此带来的不确定性风险对公司股价造成不小的负面影响。

　　公司 CEO 痛定思痛，授权官方记录系统——即其 CRM 系统——负责日常销售预测的更新工作。公司还为销售团队和销售管理人员配备了iPad，以便进行每日预测查看。销售负责人员对业务流程进行了改进，要求提供日常预测更新，并对维护销售数据不力的销售人员和管理层进行惩罚，对完成管理目标的则给予奖励。现在，公司上下统一了预测口径，从一线销售团队到销售管理人员，再到分支机构/区域经理乃至高层营销管理领导的每个人都可以获取到实时的销售预测数据。销售人员及经理仍然可以使用 Excel 工作簿作为个人销售管理的工具，但他们同时也清楚地知晓 CRM 系统中输出的才是真正的官方预测数据。

　　为巩固这一文化氛围的转变，CEO 广开言路，主动同市场分析员一道探讨加速分析文化转型的途径。最终，销售预测愈加精准，管理层也在达成预测目标（如增加人员配置、客户营销、销售激励）的措施上获得诸多有益启发，这些都得益于 CRM 系统中给出的官方预测数据。

案例分析 ————————————————————————▶

联合健康险集团公司的"数字"广告活动

联合健康险集团（UHG）是一家拥有强大分析文化的公司。作为一家健康险企业，UHG 具备极强的分析底蕴，它甚至设立了以利润中心为定位的独立子公司，专门负责提供各种分析方法。

它最近发起的"数字"广告活动充分证明了其成为数据驱动型企业的决心以及对分析方法的倚重。整个营销活动由一系列主题构成，包括"数字中的和谐"、"数字中的支持"、"数字中的真实"、"数字中的知识"、"数字中的健康"等。

改变文化并不容易。有关变革管理及其挑战的论述已然不胜枚举。但在文化变革及分析方法普及应用方面，教育和指导也都能起到十分重要的作用。

教育培训项目能够帮助员工习得或改善其分析技能。从 BI 或分析服务商那里不难获得一些特定软件工具的学习方法，这些通常被认为是"硬性的"、有形的技能。而另一些更加广泛的非工具相关的学习课程，比如统计分析或数据建模，则可以由企业培训与发展部门或 BICC 来负责提供。BICC 可以开发出囊括工具型和非工具型课程的一揽子课程计划，这是其职责的一部分。

经理可以通过支持员工教育培训和专业技能开发，或者落实分析方法在 MBO 和绩效考核中的地位来促进分析文化形成。他们同样还需要不断强化这些技能方法的普及应用，并且帮助员工形成实事求是的理念和决策思维。他们可以提供一些在职的培训机会，比如任命员工为某个项目的业务分析员或领域专家。经理也可以充分发挥具备较强分析能力的员工的价值，发动其指导和帮助那些需要进一步提升的员工。最后，他们还应当提倡或支持员工积极参与用户群体及专业组织的活动。所有这些做法都能够有效提升员工的分析技能、分析应用程度以及最终的普及率提升。

对于创新，变革乃至从人、数据和技术资产上获得最大回报而言，由坚实分析技能所支撑的分析文化都不可或缺。企业必须基于分析成果展开决策。要成为真正的分析驱动型企业，所需核心要素包括：执行领导力，克服文化与层级障碍，营造分析文化以及促进人才发展。据 Brain & Company 的一项研究，就平均股东回报率而言，那些在决策制定及执行方面最为高效的公司要比其他企业高出 6％。

APPLIED INSURANCE ANALYTICS 自我检测

要点掌握

回答以下问题，检测你对本章重要知识点的掌握程度：

- 了解关键的分析技能。

- 回顾分析价值链的形成以及其中最为核心的分析角色。

问题讨论

讨论以下问题，进一步检验你对核心概念的掌握情况：

- 列举并阐述四个最核心的分析技能。

- 描述执行领导层和经理人在培育分析文化中所起的作用。

- 描述教育培训和指导是如何促成变革管理与分析方法普及率提升的。

- 对比分析设计思维与系统思维。

APPLIED INSURANCE
ANALYTICS **核心概念**

数据科学家　包括统计员、精算师、生物统计员及其他应用高级分析方法的量化分析人才。

设计思维　一种常用于创造活动的感性思维路径，这些活动包括产品开发、业务规划、问题识别、业务案例开发以及应用案例开发等。

系统思维　一种结构化的思维路径，通常在系统开发生命周期、组织知识、问题识别，以及问题分析和化解过程中有较多应用。

人才管理 对人力资源的规划和管理过程，包括招募、维系、开发以及绩效管理。

APPLIED INSURANCE
ANALYTICS **延伸阅读**

Davenport，Thomas H.，Jeanne G. Harris，and Robert Morison. *Analytics at Work：Smarter Decisions，Better Results*. Harvard Business School Publishing. 2010.

"Benchmarking Analytic Talent." Talent Analytics Corp. December 2012.（A research study on analytics professionals.）

Siegel，Eric. *Predictive Analytics：Power to Predictive Who Will Click，Buy，Lie，or Die*. John Wiley & Sons，Inc. 2003.

Michaels，Ed，Helen Handfield-Jones，and Beth Axelrod. *War for Talent*. McKinsey & Co. McKinsey & Co.，Inc. 2001.

Meiser，Jeanne C. and Karie Willyerd. *The 2020 Workplace：How Innovative Companies Attract，Develop，and Keep Tomorrow's Employees Today*. Harper Collins. 2010.

APPLIED INSURANCE
ANALYTICS

第十章
分析方法在保险业务流程中的应用

在保险行业中，分析方法可以贯穿从产品研发到营销的整个价值链（包括核保、签单以及理赔管理等），并最终作用于业务绩效管理。每个行业的细分领域固然都有其特殊性，但也有许多共性。对于不同行业细分领域的业务流程或分析应用案例而言，既存在通用的元素，也有些是专属于特定领域的，比如健康险公司就常用"会员"代替"顾客"的称呼。每个行业细分领域也有特定的业务流程。不过，许多核心的业务流程和分析方法其实大同小异。从许多方面看，保险行业里的分析方法都在不断演化，包括由被动反应式变主动式、分析所用数据的尺度、借助外部数据补充或支持内部数据的分析结论等，不一而足。

本章将审视整个行业业务流（或价值链）上最为常见的应用案例，进而帮助保险企业对比分析其所运用的分析方法，并为其深化分析方法的应用提供启示。

本章包含以下内容模块：财产与意外险、寿险，以及健康险。这些不同模块有许多共同的基本业务流程，比如产品、营销、分销、核保、理赔和财务管理。在每个模块中，我们将介绍该业务流程的基本概况，并重点强调最核心的分析方法，辅之以精心编选的应用案例和案例研究。

我们只在财产与意外险部分探讨通用于三个模块的应用案例，而在健康险和寿险模块单独介绍其他特定流程和应用案例。这里所提到的"应用案例"专指某一业务流程领域中的特定分析应用案例。每个模块同时还包含了一些案例研究，以丰富应用案例的学习价值。

财产与意外险分析方法

财产与意外险行业的核心价值链（或业务流程）包括产品管理、营销、分销管理、核保管理、保单管理、服务、理赔管理以及财务管理。前述每个业务流程都需要前端的运营分析方法和汇报模块（一般整合在核心流程或交易系统之中），以及后端分析方法（很大程度上依赖来自交易系统的历史数据和其他内外部数据）。分析方法的另一个前沿领域是预测分析，这其中不止是数据挖掘功能，还应有运用统计模型预测未来的客户行为或公司效益等用途。需要注意的是，随着分析方法和预测模型逐渐与销售、核保等运营流程相整合，企业对于实时数据的需求也与日俱增。

图 10—1 展示了财产与意外险行业价值链中最常见的业务流程以及相关的子业务序列。在接下来的部分中，我们将把每个流程拆解成多个子业务序列并作详细解读。

产品管理

产品管理流程包括目标产品识别、设计、定价、产品介绍以及产品绩效管理（包括盈利性水平等）。定价精算师在产品管理流程（尤其是定价、产品及后续评估流程）中起着十分重要的作用。在一些企业中，产品经理并非精算师，而在其他一些企业中，精算师的角色则由产品经理承担。精算工作是保险企业调研与开发职能的载体，这已成为业内共识。

价格优化（price optimization）是一种帮助保险公司以最高价格获取最大销售量（或者更理想化地说，即是企业利润）的分析方法。这一职能通常由产品领域的价格精算师、产品经理或产品分析员来承担。运用统计分析工具，我们可以建立起价格优化模型。这类模型通常以净溢价、财务目标、排名模型、预期交叉销售效应以及竞争排名作为输入变量，经过复杂计算后得出最优的单体利润值，以达成企业的保单销售量、合同签署量以及盈利水平等目标。这些模型不仅适用于新开发的

图10—1 保险行业价值链及应用案例

产品管理	市场营销	分销管理	核保	保单管理与服务	理赔管理	财务管理
•识别 •设计 •定价/价格优化 •建档 •法定常规汇报 •产品绩效管理	•市场调研 •市场开发 •营销矩阵分析 •活动管理 •产品、市场、渠道战略 •营销绩效管理	•产品、客户、渠道策略 •供应商联络和维系 •开发 •佣金计划 •渠道和产品绩效管理	•核保指南 •个体风险分析及定价 •赔偿控制 •业务分析 •核保绩效管理	•比率、额度、签单管理 •在保、已取消和新增业务分析 •账单管理 •客户与供应商服务管理 •核保绩效管理	•财务分析 •运营分析 •理赔服务和供应商管理 •诈骗管理 •复原管理 •其他特殊理赔管理（诉讼、医疗等） •理赔绩效管理	•规划、预算和预测 •盈利分析 •财务常规汇报 •资产管理 •资金分配 •运营和企业风险管理 •财务绩效管理

业务，对于续签业务也同样适用。其中的一些会用到**一般线性建模**（generalized linear modeling，GLM）——一种被精算师广泛使用的分析方法。多数统计工具的服务商也会提供覆盖多个行业的价格优化模型，通过与企业的产品组合及财务目标相调和后便可用于保险行业。另外，精算咨询公司也可以提供类似的价格优化咨询。

市场营销

市场营销管理（marketing management）流程包括市场调研、市场开发、营销组合优化、活动管理、产品市场渠道战略，以及总体营销绩效管理。**营销矩阵优化**（market mix optimization，MMO）指的是各个渠道的营销预算、开销和回报管理，这些渠道不仅包括传统的平面广告、邮件、电视、搜索和私人活动，还包括新媒体、定向营销、移动端和社交媒体。

作为市场营销职能的组成部分，企业需要定义它们所面对的市场（个人、商业、特殊产品线；集团，以及私人业务），明确产品品类，支持价格战略，锁定目标客户市场及细分领域（例如，定制化或标准化），同时联合产品经理统筹协调好各分销渠道及供应商的销售计划。

营销人员不仅会借助市场渗透率来衡量和比较整体营销绩效，也会考虑产品类属与盈利水平。在审视总体商业财务绩效情况时，他们会从多方面入手，比如同自身历史绩效进行内部比较，与行业总体水平比较，或者同重要竞争对手（同行业绩）比较。

企业的营销、核保以及分销战略应当是整合与协同的。没有哪家企业希望费大力气营销得来的客户被核保部门拒之门外。这样做无疑是在浪费有限的营销资源，并且将疏远潜在的客户与分销伙伴。

在营销与市场细分方面较为领先的做法是，提高客户数据的细化程度，利用评级和价格敏感数据划分更多的细分市场，从而实现精细化营销。在 20 世纪 90 年代，**客户关系管理**（customer relationship management，CRM）理论的先驱佩珀（Peppers）和罗杰斯（Rogers）就提出了一对一营销概念。尽管目前的保险行业尚未能做到一对一营销，但在复杂分析方法（尤其是统计模型），海量数据以及银行、零售等行业先进经验借鉴的支持之下，整个市场的细分程度也在不断提升。而且，保险企业还在不断努力提升客户维系率和交叉销售的效果，以规避高昂的新业务开发成本。

保险人员对客户进行细分、明确优质客户群体及特性、开发产品以及寻找合适的代理机构进行销售，这些都是营销不可或缺的组成部分。保险人员通常会运用外部数据来对客户进行"家庭式"分析，这样便可既测算出个体客户愿意支付的最高额度，又对家庭中的潜在保险需求有所掌握。他们还会运用统计模型来计算潜在客户的**生命周期价值**（life time value，LTV）和盈利性。生命周期价值中的许多概念可用于在不同的生命阶段或事件（比如出生、大学毕业、结婚、生子，甚至离婚）中识别及呈现适合客户的产品。保险从业者还需要衡量客户获取成功率、维系率、增长率和盈利水平等。就客户维系和增长而言，客户满意度是最为核心的决定因素。

企业通常会开展一些客户调研来测量满意度及发现问题。客户满意度是客户维系的关键考量，甚至对那些第三方索赔客户而言，如果有不错的理赔体验，那么也很可能会成为公司的新客户。

营销中越来越多开始运用社交媒体和**情感分析方法**（sentiment analysis）。情感分析指的是通过情感分析技术（意见发掘）侦测正面或负面评价，进而识别相应情绪的方法。

社交媒体应用正在茁壮发展，尤其是在年轻一代中。据eBizMBA 的统计，目前的前三大网站平台是脸书（Facebook，9 亿名用户）、推特（Twitter，2.9 亿名用户）和领英（LinkedIn，2.5 亿名用户）。排名前十的保险企业都已经意识到社交媒体的重要价值，并开始探索和利用社交媒体以提升其品牌感知度，以及强化潜在客户、投保人和供应商的参与。然而，社交媒体是一把双刃剑。保险人员正加速引入情感分析工具来对舆情进行实时监测，以求在利用好正面评价的同时，尽快处理负面评论，即人们常说的"危机管理"。

案例研究 ————————————————————▶

前进保险公司的不平之路

前进保险公司（Progressive）是公认的行业领导企业，在处理一条2012 年发布的社交媒体评论时却栽了跟头。这条评论涉及名叫凯蒂·费希尔的投保人，他在 2010 年时卷入一起车祸。凯蒂的哥哥马特在 Tumblr 上发布一篇博文指责前进保险公司的行径之后，铺天盖地的负面评论随之而来。而前进保险公司对这篇博文发表的官方回应也被指"敷衍"，于是在仅仅两天之内，前进保险公司的公众形象就骤然恶化。

客户关系管理

客 户 关 系 管 理 （customer relationship management, CRM）分析是一类营销分析方法的总称，它们通常由一个独立的客户关系管理分析应用执行完成，包括客户建档、细分以及营销活动管理等功能。客户关系管理程序不仅适用于个人或私人产品线营销实战，对小企业或集团业务也有帮助。个人客户的特征，如年龄、收入、职业以及民族（非种族）可以很方便地对应到企业客户的特征上去，如行业类型、创立时间、收益情况、员工数量和业务类型（比如女士专用产品等业务）。健康险企业也用到了与CRM类似的管理应用，叫做会员关系管理（MRM）以及供应商关系管理（PRM）。

　　许多企业将其市场分析工作外包给其他服务供应商，然而考虑到这是个极其核心的分析领域，更加明智的选择是在专家和技术支持人员的帮助下自行创建分析实验室，发展自主分析能力。

　　接下来的案例研究阐释了在营销领域建立领导地位的重要性。

案例研究 ────────────────────────▶

财产与意外险个人产品细分市场的行业标杆

　　早在20世纪八九十年代，前进保险公司即借助精细的数据和统计分析明确界定了财产与意外险个人产品这一细分市场及其评级结构，进而改变了整个竞争格局。该公司并未固守行业常规做法，即雇用精算师和评级机构来对市场进行细分和定价，而是重用统计分析师。通过使用统计分析方法，该公司在一些次级市场中发掘出许多有盈利价值的商业机会，而这些机会在之前却都被竞争对手忽视了。

　　接下来，前进保险公司进一步深化了这些统计分析模型的应用，将其整合进以网页为载体的定额工具之中，而且即便自己给出的费率更高，它也依然大胆地展示各竞争对手的费率。这些举措使得前进保险公司成功地拦截到了本应流向竞争对手的业务资源，并且迫使竞争对手们一再压低费率。运用这些方法，前进保险公司成功实现了财报收益率高出竞争对手 12 个百分点的傲人战绩。

案例研究

Penn National 将前进保险的经验发扬光大

当年 Penn National 曾经因多个新晋对手（包括 GEICO 和 Mercury）进入私家车保险领域的竞争压力而在新泽西丢掉了不少市场份额，它必须在退出和"为了生存而追加投资"之间做出抉择。最终它选择继续投资并施行了一项以数据分析为导向的核保流程改革。

回报是十分可观的。Penn National 的私家车保险产品业务扩张了 100%，而且通过削减不必要的机动车行驶记录（MVR）使核保成本降低 100 万美元。该公司同时将新业务的核保"直通车"覆盖率由 19% 提升到 90%，极大提高了其核保续签流程的效率。

案例研究

苏黎世北美公司的小微业务零售购物篮分析方法

购物篮分析是一种普遍应用于零售行业的分析方法。传奇的"纸尿裤与啤酒"案例正是购物篮分析的产物。便利店在陈列啤酒的冰柜旁边摆放纸尿裤，以向那些半夜为小孩买纸尿裤的年轻父亲销售啤酒。

苏黎世北美公司将这一方法运用到其美国市场的小微业务之上，从而按照两个维度的标准——边际利润和资本投入回报——将其产品划分为高、中、低三个等级。运用前述分级方法，苏黎世北美公司划分出总共 68 个细分市场，这帮助其更加有效地开展资源分配，并能够游刃有余地在不同细分市场中采取扩张、维持或收缩战略。

销售与分销管理

分销管理（distribution management）流程包括一体化的产品、客户和渠道策略；供应商联络、维系和增长管理；佣金及激励计划；整体渠道和产品绩效管理。正如此前所阐述的那样，企业的营销、核保以及分销战略应当是充分整合与协调的。

作为营销流程的一部分，企业应当为其面对的细分市场及主打产品配置最合适的分销渠道、代理机构/中间商和供应商。企业还需要从营收与盈利的双重角度对渠道绩效进行评估比较。运用分析方法，便可以有效划分区域、指定代理机构、调整佣金结构，以及制定供应商激励计划。它们可以按照其目标和销售业绩对前述活动进行持续的监控和动态调整。

企业应密切关注以确保其渠道成员"全身心投入"，也就是说促使后者倾尽所能为保险公司带来可观的销售业绩和业务质量。由于许多供应商需要保险企业提供一定的引导和支持，因而保险企业也逐渐开始加大对供应商的帮扶力度以使其能够通力合作。

案例研究 ━━━━━━━━━━━━━━━━━━━━━━━━━━━━▶

运用外部数据创建 360 度的供应商视角

为评估和改善渠道成员的参与度，一家保险企业开始着手运用邓白氏（Dun&Bradstreet，D&B）数据来扩展其供应商信息库。该企业对比了从邓白氏获取的营收数据，并对那些未能高效完成既定营收业绩的低投入度供应商发出预警。

邓白氏数据能够由一个主供应商名称/代码链接到其卜属和分支机构数据，因而这些分析结果可以帮助企业来改善其供应商的"主数据管理"，从而创建 360 度全方位的供应商视角。另外，由于主要的关系和交互都发生在基层管理工作中，而这样的数据同时又将供应商总部联系者的信息填补进来，因此确保整个分销体系的高层管理者和基层或区域分支机构都能够有效参与沟通和交流。

就像在营销中运用 CRM 那样，保险人员也在借助统计分析和建模来对其代理机构进行细分，用与 CRM 中类似的技术来开发、维系和扩展其业务。而事实上，保险人员已经利用 CRM 程序研发出了**渠道关系管理系统**（distribution relationship management，DRM）。

渠道激励补偿管理（incentive compensation management，

ICM）是另一个已然演化为独立分析应用的分支领域。ICM主要承担管理补偿规划、配额、授信与调整，以及佣金报告的支持功能。现在已经有一些保险公司和服务商对这一跨行业的销售分析程序进行了改进，以基于供应商绩效来计算佣金和激励的效果。

案例研究

寿险与养老保险企业的分销渠道绩效管理

北美一家大型寿险与养老保险企业打算改善其销售团队的工作效率。在第一阶段，该公司开发了一系列数据仪表程序，以方便其内部管理层按照区域、部门以及销售代表等多个角度审视供应商的业务配额、销售量和保单完成情况等绩效指标。运用这些数据仪表，该公司能够按照时间段、产品线、已生效的与新业务等各个标准来审视其业绩水平。同时，该公司还按照不同的细分领域来分析其供应商绩效，比如高级销售代表、大业务销售代表、客户经理、销售经理等。

该公司这一可视化技术成功运用在供应商参与和绩效管理工作之中，从而提升了对执行效率的指导效果，并且对现有项目达成预期的市场渗透率和增长率起到了可观的推动作用。作为整个计划的第二阶段工作，该保险公司为其供应商开发了相应的工具，帮助其对自身业务情况进行管理，包括管理在同类公司中的排名等。

核 保

核保管理（underwriting management）流程包括为核保专员以及供应商制定核保手册；对个体风险进行分析、分类和定价；开发及应用恰当的赔偿控制/风险管理程序；评估其业务/投资组合分析；审视总体核保绩效。在整个过程中，企业的营销、战略以及分销战略都应当与之有机协调和整合。

保险企业通常按照产品或品类来制定核保手册，最终创建一系列能够独立评估核保绩效的战略业务单元或利润中心。个人产品线的核保工作已经很大限度上实现了自动化，仅在部分特殊情形下才需要人工开展。在众多财产与意外险企业的个人产品线中，精算师越来越倾向进驻核保部门的办公场所，从而在设定/修改费率和价格等工作中更好地协作。在一些企业产品线（如工伤保险）中，保险企业通常会将客户登记区分为"高"、"低"、"无"三种核保接触水平，从而在核保效率、核保周期/回应时间以及核保费用等方面实现优化。

发端于银行房贷领域的**信用评分**（credit scoring）在财产与意外险个人产品线上的应用愈发广泛，它可以作为传统核保材料的有力补充。尽管是对客户行为的评估手段，但信用评分也已经能够有效评估性格风险和道德风险。信用评分在寿险行业亦有所应用，但还未能达到财产与意外险行业的广度。信用评分也已应用于健康险行业。然而，在奥巴马新政下，保险企业必须确保所有的申请者符合保障条件和续约规则，不得对其进行歧视，不得应用此前存在的除外条款，并且已经开始使用一些评级限制或者社区评级制度来代替之前的经验评级——所有这些都或多或少迫使传统的风险分类、评估和定价标准进行升级。

　　分析方法同样可以用来使核保流程变得更加流畅，并且降低核保费用。下面的案例充分证明了这一点。

案例研究 ————————————————————————————➤

削减核保费用

　　一家财产与意外险企业在引入分析方法后成功大幅削减了财产核保审查费用。该企业长期以来的核保流程要求其对所有的新开业务都要进行财产审查。在对相关数据进行详尽分析之后，该企业发现此类审查对于多数业务的风险评判质量并无显著影响。因此，该企业对其核保手册进行了修订，只针对一些特定的高价值客户或特殊风险评判标准的客户进行资产审查，即类似于80/20策略——对那些占总业务量20％的重点业务领域安排审查项。由于这一核保流程改革带来了核保费用的大幅削减，因而其核保利润也显著提升。

　　与之类似，寿险企业也已经开始分析其核保流程（包括医疗实验、实验室测验等）中传统检测工作的价值。根据北美精算师协会及德勤咨询在一项研究中的估计，传统核保流程的平均费用在 130 美元/申请人左右，而借助合理的分析方法，在特定细分领域中这一数字可以降至 5 美元/申请人。按照每年 50 000 名申请者的市场容量，潜在的可节约成本为 200 万～300 万美元——这无疑是个诱人的机遇！

案例研究

通信技术与应用保险

保险企业正越来越多地使用通信技术（通讯技术＋信息技术）来基于投保人的情况进行更加精确的评估、定价以及风险管理。在车辆保险行业，应用保险（UBI）或现驾现付（PAYD）保险就是基于驾驶人习惯及其他因素开发的险种。黑匣子及其他车载设备能够收集车辆数据（来自于车载电脑）、全球移动通信系统（GSM）数据以及全球定位系统（GPS）数据，并通过预测模型来推算风险价格。专门从事应用保险的企业逐渐增多，它们的业务数据模型多是基于 UBI 评分和核保方式构建的。

在美国，前进保险公司在个人车辆应用保险行业处于领军地位，其他诸如好事达（Allstate）、State Farm 以及 USAA 等公司也在迅速发展。UBI 在欧洲的普及度非常高，尤其是在意大利——UBI 最早的发源地之一。一些商业保险类企业也在逐步运用通信技术，比如安联（Allianz）和苏黎世保险公司（Zurich）都已经将通信技术运用于商业汽车保险及相应的风险管理、驾驶员安全培训、赔偿规避等领域。以"智慧家庭"技术为代表，通信技术在家庭保险中也有了用武之地，而且在向其他财产保险领域延伸。内陆和海洋船舶保险企业正借助无线射频识别技术（RFID）制作的条形码来追踪卡车和轮船中装载的货物。

　　在健康险领域，通信技术已经用于对医疗设备（如血糖仪、健康监测仪等）中收集的数据进行评估分析，以支持蓬勃发展的移动健康事业和健康计划。随着行政管理、财务和医疗系统（如医嘱录入系统、电子医疗记录及其他健康护理应用）的自动化程度日渐提升，将来自这些业务系统的数据与药房或其他来源的数据进行整合会催生更加精密、更加主动的健康保健计划。无论在保险产品开发还是风险管理方面，都可能产生更多跨领域的应用程序。

保单/合同管理与服务

　　保单/合同与服务管理（policy/contract administration and service management）流程包括管理申请登记/进度；评分、生成配额及保单/合同签署（在客户接受条款并核对身份证件的前提下）；保单/合同的支付及费用划拨；处理保单续签、到期终止或取消；在保单/合同的整个生命周期阶段向顾客或供应商提供管理支持；评估总体服务绩效管理水平。

　　尽管这些服务越来越多地开始通过亲自拜访（代理或当地服务中心）、网络、移动端等多维渠道来实现，但目前大部分还是借助呼叫中心来完成。

服务管理分析（service management analytics），有时又称呼叫中心或客户互动中心分析，通常用于确保顾客或供应商的需求能够得到及时有效的响应，以及服务中心配备足够的可用资源来满足前述需求。这类分析会评估呼叫等待时间、通话长度、转化率等指标。保险企业运用这些数据不仅可以评估其客服代表的表现，而且能够改善整体服务能力及水平，这对提高客户满意度和维系度具有十分重要的意义。

保险企业也会进行一些客户满意度调研，审视客户投诉，并且采取适当的分析方法来对服务管理战略和产品进行修正。它们越来越多地开始采用社交媒体和情感分析等应用，从而通过对客户态度和行为的分析来衡量其满意度水平。

案例研究

凭借客户服务提升客户维系率和购买水平

在 20 世纪 90 年代末期，大多数财产与意外险企业都已经将客户服务互动的主要工作转交给了代理机构。然而，随着互联网和呼叫中心技术的成熟，最初出于降低服务佣金成本的考量外包出去的客户服务职能被企业重新拾起。

美国东北部一家全国性的大型财产与意外险企业发现合理运用分析方法将不仅能够助其更加低成本、高效率地提供客户服务，进而提升客户满意度和维系率，而且还能够促使其供应商在不断开发新业务的同时，更加游刃有余地向现有客户增加销售或进行交叉销售。该企业还享受到了另一益处，那就是直接收集的客户反馈极大改善了其新产品开发过程。

供应商其实越来越希望保险企业能够利用好大量的数据信息和丰富的分析技能，进而为其提供商业发展指引；保险企业向其供应商提供恰当的分析结论（业务指引和最佳范例）以及分析程序（数据仪表、计分卡等），对于双方而言是互惠互利的过程。

理　赔

理赔管理（claim management）流程包括第一时间勘验赔偿、登入，或理赔资料填写；理赔登记和预约；理赔审核、调查/评估以及偿付/解决或驳回；理赔追偿；专门理赔处理如缺陷管理、医疗管理等；总体理赔绩效管理。

首先也是最重要的，任何一家保险公司的最主要目标都是能够迅捷、公平地解决所辖范围内的理赔问题。理赔通常被比作投保人最终的"真理时刻"。除开最初的保单签署阶段，对于保险企业而言，与客户接触的机会多是在理赔互动的过程中，因而客户感知到的理赔服务质量就对客户维系率至关重要。一些新开发的业务就更要在理赔服务甚至第三方服务中精益求精。当然，高质量的理赔服务并不仅仅是好的商业做法那么简单，因为保险企业同时都要受到《公平理赔法》（Fair

Claims Practices Laws）的制约。在一些州，理赔偿付延误可能会引致罚款和惩处，这在健康险行业尤为常见。

保险企业通常会制定完备的理赔管理指南来确保客户能够获得快捷公平的理赔服务。在一些灾难性事件（如飓风）中，启动应急预案、重新调配员工或像财产与意外险企业那样雇用独立理算师也是可取的做法。理赔绩效需从效率和有效性两方面衡量。理赔运营效率衡量的指标包括理赔登记数量、理赔时间周期、客户理赔满意度、员工失误率等。理赔的财务有效性衡量指标包括发生额、预约数、偿付额、理算成本、法务费用等。

在财产与意外险以及健康险行业，赔偿款通常能占到保费的 75%，对于保险行业而言这个数据的重要性丝毫不亚于其他行业中的产品销售成本。

基于赔偿趋势（赔偿变动"阶梯"）的**赔款准备金分析**（loss reserving analytics）是一个非常重要的分析领域，通常由精算师完成。它通常被用来对 10 年甚至更长区间内的"长尾"赔偿发展趋势进行探究。在财产与意外险行业的可靠性或工伤保险产品线上，赔款准备金分析对定价和赔款准备等工作都有重要价值。

赔偿风险标的分析（loss exposure analysis）则是由理赔分析师、核保专员以及赔偿控制专员共同完成的一项即时性工

作，其目的在于探寻潜在的赔偿风险标的以及事故或伤亡规
律。赔偿控制专员要归纳出最常见的伤亡类型或赔偿原因，并
与核保专员通力合作来提升赔偿规避的能力或者优化减损
策略。

核保专员尤其要关注新产品中的理赔问题，因为这些产品
通常会面临一些尚未归入风险因素池或者仅被标识为"其他"
的全新风险标的，此时针对赔偿领域的描述运用文本分析就显
得格外有效。即便在成熟的产品线中，新的风险标的也可能会
逐渐衍生，比如霉菌毒素。一些保险企业通过对赔偿描述的文
本发掘分析，较早关注到了霉菌毒素这种风险标的的出现，因
此及时增加了针对霉菌毒素的免责或限制赔偿条款。

理赔诈骗分析（claim fraud analysis）是在所有三大保险
细分领域中都十分关键的分析内容。目前的理赔事件中有
10%是骗保，大约相当于 800 亿美元，因而保险企业会非常严
厉地对待骗保行为。它们通常会成立一个极度严谨的专门调查
小组，在最终确定偿付之前针对系统自动识别或理赔师标注的
潜在骗保事件进行深入核查。部分保险企业进一步完善了其防
诈骗模型，将一些探测条件嵌入到核保系统，从而能够在保单
签署前就侦测到潜在的诈骗案件。它们还逐渐开始运用社交媒
体来反击某些索赔人的伤残理赔申请，比如，自称无法自理的
索赔人被人撞见在为自家房屋维修阳台。

案例研究 ──────────────────────────────▶

警惕骗保！若要人不知，除非己莫为

一家保险企业怀疑在一起豪华车辆事故理赔中索赔人宣称由于飞鸟遮挡视线致其坠湖的表述有骗保可能。该公司一位资深诈骗核查专家通过偶然发现的一段优酷视频成功粉碎了该索赔客户的企图，因为这段视频清晰显示了这辆豪车坠湖的过程中根本没有出现什么飞鸟。

与之类似，一些工伤和伤残险企业也运用社交媒体找到了与某些索赔人伤残表述自相矛盾的证据，比如粉刷房屋、打保龄球或滑旱冰，这些都是在其宣称伤残后作出的"超人之举"。

──

理赔追偿（claims recoveries）是另一个需要用到分析方法的领域。理赔追偿专员要努力通过补助、代位追偿、再保险、工伤补偿基金或其他来源争取到最大化的理赔追偿金额。还有一些第三方追偿源包括生产厂家的保障部门。接下来的案例将展示理赔专员是如何发现潜在追偿机会的。

案例研究 ──────────────────────────────▶

SUV 翻车事故与缺陷轮胎

当运动型多功能车（SUV）首次出现在美国市场上时，保险企业就注意到其极高的翻车事故发生率。理算师、核保专员以及赔偿控制专员都难以理解为何会有如此之高的事故率。是因为车辆本身？还是驾驶员的某些行为？通过从头到尾研究相关的理赔数据，他们终于找到了罪魁

祸首——某些型号 SUV 配备的特定品牌的轮胎。于是，保险企业就发起了针对这些轮胎生产厂家的追偿攻势。它们按照年份和车辆标识码从数据库中搜索出此前已经赔付过的案例，并以此进行追偿。

类似的追偿案例在厨电行业也有出现，即对那些诱发火灾的问题烟囱和洗碗机的生产厂家进行追偿，召回数据和质保数据是发现这些问题的关键。

财　务

财务管理（financial management）流程包括制定预算、规划以及预测，盈利性分析，财务与法规的常规汇报，管理报告，资产管理，资本分析与配置，运营和企业风险管理（包括再保险管理），以及总体财务风险管理。

保险企业通常会衡量总体企业绩效管理（EPM），或称公司绩效管理（CPM），关注增长率和盈利水平的变化，基于企业整体、业务条线、产品及区域等多维度分析保费、赔偿额、费用开支以及盈利能力。其中一些分析是日常分析（保费），其他一些则是按周、月、季度或年来进行。

规划与预算（planning and budgeting）（及预测）已经有成熟的分析程序来实现，其主要评估实际投入与目标预算指标的完成情况。行业内较先进的做法包括将 18 个月动态预测数据与 12 个月静态预测数据进行对比，以及采用**驱动因素规划**

(driver-based planning）法。例如，车辆保险保费的核心驱动因素包括新车销售量、车辆配件价格等。规划与预算制定过程同时会生成一系列标准化的绩效管理报告，比如利润表、资产负债表以及损益报表。而且随着分析技术的发展，这一战略过程逐渐将一些日常的管理计分卡及其明细数据纳入进来，从而为绩效提升提供即时性的启发和参考，并且帮助企业抓住改进流程以实现既定目标的机遇。

作业成本法（activity-based costing，ABC）也是一种较为常见的分析方法。该分析程序有时会与规划和预算制定程序整合起来共同形成一套 EPM 组件。成本法评估成本驱动因素的效力，通常是盈利能力分析的重要组成部分。保险企业已经在运用成本法分析流程成本驱动因素，进而有针对性地降低成本。在成本法分析程序中还常常会配备情感分析（或称假定分析）组件以评估成本驱动因素调整带来的影响。

内部与外部报告

从外部报告的角度而言，保险人员需要制作常规性的、规范的、适合股权所有人阅读的报告格式。

● 所有保险从业人员都应当按照季度/年度财报的内容要求，以及临时性财报和其他常规报告的要求来制作外部报告。这些内容要求通常在精算领域都有涉及。

● 上市公司需要遵守法规制定机构（比如，美国证券交易委员会）提出的要求（通常类似于季报或财报）。此类内容要求通常都与财务领域相关。

● 投资者关系方面的报告需要与年报、对外汇报及其他有关投资人、股票分析师、其他利益相关者的资料内容相一致。

● 非上市公司通常需要针对会员或其他非持股的利益相关者创建报告。这些报告内容通常也都属于财务范畴。

内部（管理）报告亦为按月、季度和年度编制的损益及其他企业绩效管理类报告，同时还需要包括董事会报告集（核心指标的执行汇总报告）。

可扩展商业报告语言（XBRL）是一种专为编制报告而开发的可扩展标识语言，它能够提供一系列标准化的分类标签以简化财务报告的编制过程。可扩展商业报告语言在全球范围内的多个领域都有广泛应用，包括证券监管、银行业、保险业、数据代理和税收，也可用于碳排放、可持续发展工作报告、风险评估等非财务报告工作。

可扩展商业报告语言目前已成为国际财务报告标准（IFRS）、美国 GAAP 以及《欧盟保险偿付能力监管标准Ⅱ》的推荐规范，还被纳入其他一些报告标准的考量范围。可扩展商业报告语言在商业报告和分析的所有阶段都能够派上用场，比如自动化，成本节约，数据更快、更可靠、更精准的传递，分析方法改良，信息质量提升以及决策制定。更多信息及完整版的分类标签列表可前往 www.xbrl.org 查阅。

案例研究 ————————————————————————▶

CNA 财务数据中心

在 20 世纪初，CNA 保险公司在更换高层领导团队之后进行了一次重大的业务转型。此前，该公司一直同时经营财产与意外险以及寿险的多元化产品线。在这次转型变革中，CNA 裁撤了其寿险业务条线，并出售了财产与意外险的个人产品条线，力求聚焦于发展商业和特别产品线。

为支持这次转型并确保实现既定的盈利目标，CNA 搭建起一个最初包含主要关键绩效指标的财务数据存储中心。随着转型的推进，这个财务数据存储中心的数据逐渐细化并且演化为一个由战略管控领导层牵头的企业数据中心，可对财务、精算、理赔、风险控制及其他运营领域的数据进行加工处理。该数据中心以及 BI 战略的管理权限由财务部门下属的一个服务信息共享小组把控，它同时需要与 CNA 的 IT 部门领导保持协作。前述服务信息共享管理团队以数据管理职能为核心，须确保数据质量、信效度和可用性。

该数据中心的建立使 CNA 在降低信息编译和数据抓取成本方面受益匪浅。规划、预算制定以及产品数据的高度整合帮助 CNA 能够将精力投入到降低成本、改善损益比率及增长率的措施上来。由于有了更好的信息支持，旨在降低损失和提升增长率的战略制定也很快水到渠成。

企业风险管理

　　企业风险管理（ERM）是指对企业活动进行计划、组织、领导和控制以最大限度降低企业资本和收益遭受风险冲击的过程。它包括所有风险类型——灾害（核保）、财务、战略以及运营风险。该职能的最高负责人是首席风险官（CRO），这一职位与 CFO、CEO 平级，通常是精算师出身，负责界定、管理和监控保险企业的 ERM 战略。一些精算专家协会，比如非寿险精算学会（CAS）和北美精算师协会（SOA）都在开设 ERM 思想先驱论坛以推动这一关键职能领域的发展。

　　ERM 的应用可支持这一战略实现。对来自运营和财务等系统的多维数据进行整合与规范化是最核心的工作之一。前述对风险和财务数据的整合过程有利于企业理解那些可能会冲击企业营运目标和整体绩效的风险。ERM 应用也能够帮助保险企业改善其对日益强化的风险管控的适应性，同时优化高层管理者及董事会在监管中的角色和效果。

　　ERM 应用包括从多个数据源系统中自动、可控地提取数据，并将其导入整合式风险寄存器。情境分析即借助内外部数据来预测潜在损失。用以支持决策制定的风险分析、报告、预警，以及与合规相关的职能（如审计、监管报告、管控政策等）都应纳入进来。公司治理、风险与合规（GRC）套件中都在逐步增加 ERM 应用程序。

再保险分析（reinsurance analysis）是整个 ERM 项目的一部分，包括对企业风险标的在个体层面和整体层面的综合性审视。个体风险再保险隶属于核保流程，与特许的再保险机构相对接。整体风险再保险一般通过企业再保险项目进行预测和处理。

巨灾风险分析（catastrophe exposure analysis）也是 ERM 分析工作的一部分，它包括运用巨灾风险模型来估计灾难事件（如飓风或地震）可能带来的损失。在财产与意外险行业，巨灾模型是精算学、工程学和气象学的综合体。而在健康险行业，也有类似的模型用来预测流行性疾病以及其他可能导致显著伤亡或损失的事件。保险企业正在使用愈发复杂的风险模型来预测未来的巨灾损失，并据此确定在总体市场战略下如何分配资金，以及投入多大力度进行财务风险管理以应对损失。再保险是解决这些风险难题的方法之一，其他方法还包括准备金和利用巨灾债券等金融机制来转移风险。

保险企业中通常会设有由精算师和财务分析师构成的 ERM 部门，并由其从事此类分析工作。部分企业则使用精算或 ERM 咨询公司而非自家的分析师，这是对前述分析功能的一种强化。

健康险分析方法

健康险行业的价值链或商业流程包含财产与意外险行业中的全部职能，只是在医疗分析中有两个特殊职能领域：疾病与健康管理和供应商管理。这些医疗分析中的许多工作都是由医药机构分析师、健康护理学分析师和生物统计学家来完成的。还有一点值得注意，许多类似流程在财险与意外险、医疗管理、工伤补偿以及灾难性医疗事件导致的理赔过程中都大同小异。

美国《患者保护与平价医疗法案》（PPACA）刚刚颁布，虽然其效果还不得而知，但普遍认为它将对健康险行业产生深远影响。该法案要求健康计划必须接收全部申请者，并且限制了定级方法的选择，从而导致保险企业可用于风险评估、定价以及核保中的工具（如免赔条款、联合赔付）越来越少。保险企业目前寄希望于借助疾病和健康管理计划来激励其会员保持健康，同时利用供应商网络管理计划来维持住那些成本敏感型和关注成本效益的合作伙伴。用于侦测骗保或账单造假（分阶段拼合式医疗账单）的诈骗管理项目也有望引入更加复杂的分析方法、技术，使用更为丰富的数据源等，不遗余力地维系盈利水平。

疾病与健康管理

疾病与健康管理（disease and wellness management），亦称**人口健康管理**（population health management），主要解决健康护理不同时期、不同阶段所面临的问题。主动式健康管理关注疾病预防和会员健康维护。疾病与病例管理则聚焦于对会员的当前健康状况进行管理，尤其是那些慢性病患者。根据疾病控制与预防中心（CDC）的统计，在美国人群健康护理支出中，慢性病的消费占比高达 75％。前五位疾病分别是心脏病、癌症、中风、慢性呼吸系统疾病以及糖尿病。疾病管理项目的首要目标是教育公众、唤起意识以及促成行为模式改变（比如处方药依赖）。这些项目通常会运用激励手段和相应工具来达成前述目标。

分析方法是设计和评估健康管理项目功效的关键环节。许多在营销中使用的细分技术也可用于对会员进行细分从而确定其应参与怎样的健康管理项目。行为分析能够分析出哪些会员最不容易对药物产生依赖或者易于听取指导意见，将有限的"健康"辅导资源向这部分群体倾斜才是最有效率的。健康保险公司同时运用内部理赔信息和外部医疗机构数据来对行之有效的健康计划进行界定和管理。

效能管理（utilization management，UM）是疾病与健康

管理的分支，其主要针对健康群体细分中所应用的流程/服务进行分析。此类分析一方面在内部可作为人口健康管理的一部分，对其效果与效率进行评估；另一方面则可供外部规划支持团队（员工）来审视其总体规划设计与成本管理工作。

供应商与渠道体系管理

健康保险企业运用理赔数据和会员数据来管理其供应商体系，包括分条线设置赔偿比率，以及在健康护理服务体系中组建结构合理的供应商和专家团队以满足会员需求。作为绩效薪酬考核的一部分，他们也会针对成本和产出开展一系列对标工作，从而对供应商进行激励和报偿。一些保险企业同时还是综合供应网络（IDN）的成员单位，这意味着它们兼具上游企业和供应商的双重角色（如凯撒医疗集团（Kaiser Perma-nente））。另外，许多企业正寻求采用一种名为责任医疗组织（ACO）的商业模式来控制其医疗成本。

一些在 CRM 和渠道管理中广泛应用的分析方法，比如细分、获取、维系和增长等，也同样适用于供应商关系管理（PRM）。

案例研究 ─────────────────────────────────►

联合健康保险集团的供应网络管理

在《患者保护与平价医疗法案》（PPACA）出台之后，美国的健康保险业正在经历着快速的变化与转型。既有的健康计划正对其当前供应网络进行重新审视和调整，以适应新法案的要求。该法案要求保险企业将其健康计划门槛下调至最低，从而向所有申请者开放，并且摒弃既定条件（如性别及其他特征）向所有受众征收同等水平的产品保费——即运用群体评级法代替经验评级。

美国最大的联邦医疗保险优良计划成员企业联合健康集团（UHG），正着手在多个州调整其供应网络。UHG 向会员发出通告，声明其正从自身的供应网络中剔除部分医生并取消了部分供应商。在康涅狄格州，那里受波及的高级护理人员和专家分别多达 810 人和 1 400 人，因而这些举措激怒了全体供应商和会员，并招致大量投诉涌向州保险监管部门和医疗保险计划委员会。

作为回应，医疗保险计划委员会签署决议，决定对 UHG 及其他健康计划供应网络进行详尽审查，同时将严格监控容易滋生腐败的领域，从而确保为会员和受益人提供"完全、透明和即时的护理信息与渠道"。很显然，自 2014 年这些新健康计划陆续推出之后，分析方法将扮演愈加重要的角色。

寿险分析方法

寿险与养老保险业有两大主要驱动因素——销售和投资。这一行业有着与财产与意外险领域完全一致的基础业务流程，只是较少关注理赔运营效率，因为在该行业理赔数量通常占比并不大。

　　与多数财产和意外险的个人条线产品不同，寿险、养老金、长期健康险以及补充残疾险不适用于州法令（车辆保险）或借贷条款（房产保险）。另外，最近的经济形势对于保险企业的边际利润水平、保单和供应商维系率有较大的负面冲击。

　　在这一行业，分析方法已经借助内部数据（比如投保人申请数据和医疗保健历史）在费用削减、组合绩效、盈利水平以及客户维系方面有所应用。诸如心理/生活方式、家庭甚至是社交媒体之类的外部数据源也被用来对内部数据进行补充和强化。运用行为分析的预测模型被用于对流失率进行深入分析，不仅可以侦测到哪些客户资源容易流失，而且能发现什么样的因素会导致这样的流失发生，从而及时主动地扭转局势。有些模型也用于进行违约分析，运用保单借贷数据侦测并预防可能出现的违约风险，或提供替代性产品来避免违约。

　　在财产与意外险行业有着广泛运用的信用分析在寿险行业崭露头角。寿险、养老金、长期健康护理以及伤残保险行业的市场营销、核保、定价等领域对运用外部数据和信用评分进行更加细化的风险细分有着越来越强的需求。同样地，理赔数据在定价分析中的应用也并不广泛，因为与财产和意外险行业相比，寿险理赔的数量要少得多。

保险企业对各个领域的投资都由财务部门的首席投资官负责管理。保费和偿付预留投资项目都会受到州保险法令的严格约束。对于所有保险企业而言，投保人盈余管理有一定的弹性。首席投资官通常会与保险业专门的资产、风险和资本管理顾问/咨询公司通力合作，对总体投资和资产组合的收益回报进行管理。除此之外，寿险和养老保险企业还要遵从"分立账户"法规，即保险企业必须从其资产中独立划分出一个基金账户，这一法规源于《联邦证券法》与养老金相关的投资规定。

APPLIED INSURANCE
ANALYTICS **自我检测**

要点掌握

回答以下问题，检测你对本章重要知识点的掌握程度：

● 理解财产与意外险、寿险和健康险行业的核心业务流程，及各流程所用到的主要分析方法。

● 回顾分析方法是如何提升业务流程效率和企业绩效的。

问题讨论

讨论以下问题，进一步检验你对核心概念的掌握情况：

● 举出在所有保险行业细分领域中都会用到的四个核心分析应用。

- 列举健康险行业应用医疗分析法的两个实例。
- 对比财产与意外险个人产品和个人寿险在核保（信用评分）及理赔管理（理赔数据量）两方面分析方法应用的差异。

APPLIED INSURANCE ANALYTICS 核心概念

客户关系管理（CRM） 企业在管理其客户关系的过程中所用到的流程与技术的集合。

渠道关系管理（DRM） 企业在管理其分销合作伙伴关系与渠道的过程中所用到的流程与技术的集合。

企业绩效管理（EPM） 或称公司绩效管理（CPM），是企业对其规划与预算、盈利分析、财务合并及战略规划等总体财务绩效进行管理所用到的流程与技术的集合。

企业风险管理（ERM） 在管理和控制贯穿于企业的战略、运营、财务以及灾害（核保）等风险的过程中所用到的流程与技术的集合。

健康护理信息学 运用生物医疗数据、信息和知识来进行科学研究、问题解决及决策制定，从而改善人类健康的一门学科。有时又称为生物医疗信息学（基于更宽泛的学科分类），健康信息学（关注医疗和公众健康信息中的应用研究和实践），或医疗信息学（用于疾病和健康管理领域）。

生命周期价值（LTV） 营销中常用的一种重要分析方法，用于对整个客户关系存续期内的客户净利润进行预测。凭借其能够计算出整个关系存续期内的现金流在当下的贴现价值。

购物篮分析 又称结合性分析，是一种探究哪些行为（如购买行为）可能会同时发生的数据挖掘技术。多用于零售行业来分析交叉销售、升级消费、促销、产品陈列、忠诚度计划及折扣计划中的客户潜在购买行为倾向。

营销矩阵优化 运用统计分析方法和销售/营销数据来预测当前的营销组合会产生怎样的影响，以及预测设想中的营销组合会带来怎样的效果。常用于优化广告投放策略和促销手段，以提升销量和盈利水平。

人口健康管理（健康管理） 企业在管理其会员健康的过程中所用到的流程与技术的集合。它涵盖预防性（健康）管理和疾病管理两个分支。

价格优化 运用统计模型来计算需求会随着价格水平发生怎样的变化，并将这些结果与成本、供应量等信息进行综合，从而给出盈利水平最优的价格建议。常用于在不同客户细分市场中进行定价时，先借助多种数据情境设定来模拟目标客户将对价格变化产生怎样的反应。价格优化能够帮助预测需求、制定价格和促销策略、控制库存水平以及提升客户满意度。

心理数据　有关个性、价值观、态度、兴趣以及生活方式等方面的数据。通常会与地理数据相结合，用以开展市场分析，研究客户的购买行为。

情感分析　也称作意见发掘，是一种运用自然语言处理（NLP）、文本分析和计算机语言来识别正面/负面情绪的数据挖掘技术。

文本分析　运用文本发掘技术从 Word 文档、电子邮件、社交媒体评论等载体包含的非结构化数据中提取有价值信息的过程。通常会用到自然语言处理、统计模型以及机器学习技术。

APPLIED INSURANCE
ANALYTICS　**延伸阅读**

ebizMBA Rank Link www. ebizmba. com includes a ranking of top 10 social media sites.

"Predictive Modeling for Life Insurance，" Society of Actuaries & Deloitte Consulting. April 2010. （A white paper）.

"Predictive Modeling for Life Insurance：Ways Life Insurers Can Participate in the Business Analytics Revolution. " Society of Actuaries. May 2012. （A presentation）.

AHIP（America's Insurance Health Plans）www. ahip. org.

AHIP （American Health Information Management Association） www. ahima. org.

CAS （Casualty Actuarial Society） www. casact. org.

HIMSS （Health Information Management &. Systems Society） www. himss. org.

IASA （Insurance Accounting and Statistical Assn. ） www. iasa. org.

IMCA （ Insurance Marketing Communication Association ） www. imca. org.

SOA （Society of Actuaries） www. soa. org.

SIR （Society of Insurance Research） www. sirnet. org.

APPLIED INSURANCE
ANALYTICS

第十一章
保险分析方法展望

分析方法已经在保险行业的多个领域有所应用，然而，整合的、战略性的方法却尚未演化完全。总体来看，多数人似乎都觉得保险行业在采用新技术方面十分滞后，而且对此习以为常。但问题就来了，那些在创新方面不积极的企业——无论是技术还是分析应用——都会面临被边缘化和被收购的风险。

本章提出了一些推进分析成熟度的具体举措，包括分析方法创新策略、开展分析方法审计以及业务发掘。综合运用这些举措将能够帮助企业重新回到主动出击的正轨，避免被边缘化的命运。

分析方法创新策略

下面将介绍一些保险企业易于采用的实践举措，确保其在分析技术方面保持竞争力。

● 创新分析方法：发散思维。

努力寻求分析方法的创新途径。始终保持以创新的思维来审视新产品开发和市场机会中如何运用分析方法。将分析方法视作新业务计划开发的一部分，并充分利用其来识别、定位和实现新的机遇与价值。

许多企业会运用设计思维方法来进行业务计划开发。这种方法将设计规则与系统思考结合起来，继而应用于新流程、新程序以及新客户相关的工作中去。

● 差异化思维：着眼于保险行业之外的世界。

保险行业中许多非常有价值的应用程序都受其他行业的启发，源自汽车行业的信息通讯技术已在保险业得到了广泛应用。

● 战略协同：分析方法与战略规划和关键目标相协同。

在制定年度战略规划及目标任务时，确保已将分析方法考虑在内。切实思考如何运用分析方法来支持核心目标的实现，使用哪些核心绩效指标来对整个过程进行评估，以及目标设定和流程评估所需要的数据类型。

● 使分析方法落到实处：将分析方法嵌入业务流程中去。

将分析方法落到实处，即将其与业务流程有机整合。分析方法可以使运营系统更加智能。

● 在分析方法上持续投资。

许多保险企业在升级或替换既有交易系统而必须进行大量资金投入时左右为难，结果导致分析方法的应用半途而废或被扼杀于襁褓。运用分析方法并非"二选一"的抉择战略，因为企业同时需要交易系统投资和分析方法的投资。通常的情况是，企业会从功能性交易系统中获取新数据，而后尽可能充分利用这些宝贵资产来从中发掘价值。

● 培育分析文化。

我们并不奢望所有人都成为数据科学家，但每个员工都至少应保持对分析方法的求知欲。企业应通过培训、项目锻炼或借助外部专业机构鼓励和支持员工进行这方面的个人提升。

多数专业机构，包括非寿险精算学会、精算师协会，以及特许财产险核保人协会，都已新增了分析方法作为其职业规划和培训课程的一部分。

保险研究协会已经将分析方法纳入其年度大会，地区研讨会以及由营销、市场研究、产品开发等保险业专家参与的网络研讨会议程安排。许多其他的专业机构也在从事类似的工作。

● 使用新技术。

从细微处着手；增强对于概念和模型的理解。运用云技术来避免对于现有的内部平台的破坏。运用分析性的"边车"数据存储从主数据库中搜索实时数据，而不会影响现有分析环境的表现和成本。（之所以称为"边车"，是因为它与你的主数据库是并行的。）

将分析程序的更新外包给咨询公司；将知识转化作为项目的一部分，把咨询公司的成果转化为 App 在公司内部使用。

● 提升数据使用效率——捡了西瓜也莫丢芝麻。

搭建大数据实验室来充分利用诸如社交媒体之类的新数据。大数据是个价值极高的概念，保险企业应当从运用分析沙盘（实验室）着手来测试新数据类型对于特殊类型项目的效力。

但与此同时，也不要丢下已有的传统类型数据。在数据管控和数据质量改善方面进行持续投资以确保从现有数据中获取新的价值，并培养良好的数据管理习惯和思维。

如果你所在的企业尚未建立起正规的数据管控项目，那么推动其向前迈进！分析方法的运用与数据质量改善同等重要。

分析方法审计

许多保险企业开始运用分析方法，但有很大投机性。应当制定出 2～3 年的战略分析路线图，以确保分析使命和路线清晰可控。这样做可以帮助企业加速形成分析文化并督促员工持续使用分析方法、全身心投入相关项目。开展一次自我审计，自查自纠下述问题来明确是否真正拥有了分析战略：

● 业务分析方法、BI 竞争力中心（BACC/BICC）或卓越中心（CoE）：是否已经建立起了卓越/BI 竞争力中心？

建立正规化的 BI/分析方法管控计划。

● 分析方法的执行支持与管理：是否配备首席分析官/首席数据官？

如果答案是否定的，那么就加速实现。该角色可以由高级副总裁担任，此类高级业务领导足以胜任分析方法的支持和管理工作。

● 完善的 BI 战略：是否已建立起比简单架构和技术更加完善的 BI 战略？

架构搭建仅仅是分析战略的一个组成部分，你还需要完善的需求流程、业务价值流程、管控流程以及信息和技术基础建构流程。

● 自助式 BI/分析方法：是否具备了自助式 BI/分析能力？

你是否已经建立起及时有效的分析体系来支持决策制定？能否不求助于 IT 便可完成数据搜索？IT 可能无法满足所有当前和潜在的分析需求。

你需要制定自助式分析战略与管控体系，而且只有工具是远远不够的，还应当关注用户技能、数据获取及更多方面的内容。

● 移动战略：是否已经建立了移动 BI 战略？

你能在移动设备上获取 BI 报告和显示数据仪表吗？是否已经明确了哪些角色需要用到移动 BI：员工、合作伙伴还是客户？相关的应用程序又如何？你是否审视过移动设备标准和数据安全等事项？

● 分析方法的外部应用：你的 BI 战略是否有效覆盖了企业自身之外的供应商、投保人以及业务合作伙伴？

你希望把何种 BI 功能/App/数据提供给投保人、供应商及合作伙伴使用？（不限于移动端。）

● 分析成熟度：除报告和数据仪表之外，还有其他分析方法吗？

除统计专家和精算师之外，其他员工能够方便地使用你的分析方法吗？目前的分析成熟度在怎样的水平？未来的演化目标是什么？阻碍你达成演化目标的主要挑战是什么？是否制定了应对这些挑战的计划？

● 社交媒体/情感分析：你使用社交媒体和情感分析方法吗？

你开始利用社交媒体了吗？怎样去整合这些数据？在做文本发掘吗？有恰当的工具吗？需要培训吗？

● 外部数据：有没有像利用内部数据那样有效地利用外部数据？

怎样才能有效地利用内部数据和外部数据？怎样管理第三
方数据提供商？

● 测量指标与核心绩效指标：是否建立起了测量指标和评
价框架？

你知道决定企业成功与否的最重要的 20 个指标是什么吗？
不仅仅是管理报告中使用的测量指标。这些指标怎样整合成最
终的评价体系？你有没有发现影响这些指标的因素是什么？

● 即时分析：是否具备了即时分析能力？

并非所有的分析方法都要求有很高的即时性，但有一些的
确如此。你是否明确知道哪些地方会用到即时分析？比如，下
一个最佳销售报价、欺诈等。

BI 战略协同及其可行性

理解业务需求、按照业务价值设定优先级、科学评估其可
行性是分析方法成功应用的三大关键因素。业务发现是用以明
确分析需求、价值和可行性的最常见方法。

业务发现过程

为确保 BI 战略与业务能够良好协同，你需要通过业务发
现来实现。该方法分析比对当前和未来的业务需求与功能，从

而找到需要补足之处。它还会评估业务价值以确定优先解决哪些问题和未来需求。最后这一过程会考察可行性。整个流程需要业务与 IT 的通力合作。下面这些问题可以用来明确目前和未来需求，以及揭露当前的能力短板。

目前/未来需求

● 你所负责领域（职能领域）的 2～3 个最主要业务目标是什么？

● 就每个目标而言，何种分析方法能够有效帮助实现和评估其完成情况？

● 当前所面临的 BI 挑战（数据获取、数据质量、数据完整性、分析需求传导延迟等）是什么？

业务价值

● 如果运用了这些分析方法和思路，你的工作会有何不同？

● 你将如何把这些分析方法应用到业务流程中去？

● 它们将对你的业务绩效带来怎样的改善，提高营收、削减成本还是降低风险？要如何评估这些改善？

● 你会用哪些核心绩效指标来评估整个过程？

● 与其他分析目标相比，该目标实现的相对价值如何？

高、中还是低？

可行性

● 你有使用这些分析方法所需要的数据吗？如果没有，缺少哪些数据？可以从其他哪些地方得到这些数据？

● 你有合适的工具来运用这些分析方法吗？是否有足够的技巧去实现？

● 还存在其他障碍吗？（数据质量、数据可得性、数据的时效性、技巧、管控力等。）

这是一个快速变化的世界，其中的人、事、物都相互连接并互相影响。那些专职提供持续性教育和培训的组织可以通过帮助成员和客户享受更健康、更富有和更安全的生活来传递真正的价值。

APPLIED INSURANCE
ANALYTICS **延伸阅读**

"Advances that will transform life，business，and the global economy." White Paper. Mckinsey & Co. May 2013.

Mayer-Schönberger，Viktor and Kenneth Cukier. *Big Data：A Revolution That Will Transform How We Live，Work，and Think*. Houghton Mifflin Harcourt，2013.

Davenport, tom. *Big Data @ Work. Dispelling the Myths, Uncove-ring the Opportunities*. Harvard Business School Publishing, 2014.

"The Global Innovation 1000. Navigating the Digital Future. " Stud-y. Booz &. Co. 2013. *Strategy+Business*. www. strategy-business. com.

"Insurance Tech Trends 2013. Elements of Postdigital. " White Pa-per. Deloitte Development LLC. 2013.

Gurin, Joel. *Open Data Now: The Secret to Hot Startups, Smart Investing, Savvy Marketing, and Fast Innovation*. McGraw-Hill, 2014.

Gunther, Rita. *The End of Competitive Advantage: How to Keep Your Strategy Moving as Fast as Your Business*. Harvard Business Pub-lishing. 2013.

Harvard Business Review. www. harvardbusinessreview. com. Har-vard Business Publishing.

McKisney Quarterly. www. mckinsey. com. McKinsey &. Co.

Strategy+Business magazine. www. strategy-business. com. Booz &. Co.

ACORD-IDMA. Insurance Data &. Analytics Summit. www. acord. org.

ACORD-LDMA Annual Conference. www. acord. org.

Casualty Actuarial Society. Ratemaking (Predictive Modeling) &. Product Management Forum. www. casact. org.

Enterprise Risk Management Symposium. www. ermsymposium. org.

HIMSS Annual Conference. www. himss. org.

Insurance &. Data Management Association Annual Conference. www. idma. org.

International Institute for Analytics Chief Annual Analytic Officer Summit. www. iianalytics. com.

Society of Actuaries. Advanced Business Analytics. www. soa. org.

Society of Insurance Research. Annual Conference. www. sirnet. org.

APPLIED INSURANCE
ANALYTICS

附录A
分析方法演进模型

　　你可以运用图 A—1 和图 A—2 中的模型来辅助评估和比对分析企业分析方法相对于行业总体的成熟度水平。图中的点标出了行业平均成熟度。

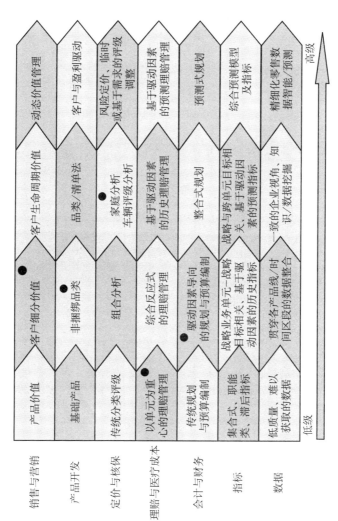

图 A—1　财产与意外险/寿险分析方法演进图式

216

图A—2 健康险行业分析方法演进图式

	低级 → → 高级			
销售与营销	产品价值	会员细分价值	会员生命周期价值	动态价值管理
产品开发	基础产品	非捆绑品类	自助/中式清单	客户与盈利驱动
定价与核保	传统群体分类评级	产品组合分析	车辆评级分析	风险定价、临时或基于需求的评级调整
理赔	烟道式理赔与医疗成本管理	综合反应式的理赔管理	基于驱动因素的历史理赔与医疗成本管理	基于驱动因素的预测理赔与医疗成本管理
供应商与渠道网络管理	反应式供应商和渠道网络管理	部分预测性与整合式的供应商和渠道网络管理	整合式供应商和渠道网络管理	高度预测性与整合式的供应商和渠道网络管理
医疗/效能管理	反应式医疗管理	预防式健康管理	综合医疗与健康管理	预测式综合医疗与健康管理
会计与财务	传统规划与预算编制	驱动因素导向的规划与预算编制	整合式规划	预测式规划
指标与企业绩效管理	集合式、职能类、滞后指标	战略业务单元—战略目标相关，基于驱动因素的历史预测指标	战略与跨单元目标相关，基于驱动因素的预测指标	综合预测模型及指标
数据	低质量、难以获取的数据	贯穿各产品线/时间区段的数据整合	一致的企业视角，知识/数据挖掘	精细化零售数据智能/预测

APPLIED INSURANCE
ANALYTICS

附录B
可操作性与指标框架

接下来的图 B—1 至图 B—10 都可以用来辅助验证分析方法的可操作性，并明确核心的指标与维度。

目标	业务问题/分析	举措	可评估结果与核心绩效指标
提升盈利增长（市场份额与盈利性）	• 如何统筹代理商与客户资源以提升盈利性？我们最具盈利性的渠道、代理商和供应商是哪些？接触点和活动又如何？ • 佣金及其他激励措施对于销售绩效的影响如何？ • 如何使最好的代理商实现最高生产力？如何降低销售成本？哪些行政管理功能可以从代理商转移到呼叫中心？ • 渠道业务的质量（盈利性）如何？哪些业务尚未达到预期？为什么？	• 制定战略以优化渠道和代理商协同效应。 • 优化渠道与代理商生产力。 • 将部分职能向低成本渠道转移。 • 重新审视并升级渠道、代理商激励。	• 达成渠道、代理商及供应商数量和营收目标（每户或每个家庭保单数、保费额等）。 • 目标市场中的份额提升。 • 削减销售成本。 • 盈利水平改善。

图 B—1　销售可操作性框架

续前表

目标	业务问题/分析	举措	可评估结果与核心绩效指标
代理商与客户满意度及其维系率	• 有什么新的业务趋势（新申请/提交、保额、签单量)？ • 续签趋势如何（续签数、取消数、非续签户)？ • 客户与代理商对我们产品、定价和服务的满意度怎样？维系率水平如何？	• 识别并分析负面的新业务趋势并及时采取措施。 • 识别并分析负面的续签趋势并采取措施。 • 识别并分析负面的满意度趋势并采取措施。	• 新业务和续签目标达成。 • 客户与代理商满意度提升。 • 客户与代理商维系率提升。
内部员工维系	• 我们的人员流动率有多高？ • 员工满意度水平如何？ • 前述因素对客户/代理商服务带来怎样的影响？	• 找出人员流动率过高的原因并采取相应措施。 • 找出导致员工满意度低下的原因并采取相应措施。 • 改善招聘或培训流程。	• 员工满意度和维系率提升。 • 客户与代理商服务水平提升。 • 客户与代理商满意度、维系率提升。

图 B—1　销售可操作性框架（续）

时间
月/季/年 核保年/事故 年/保单年 同比

组织
整个企业 销售区域 销售分支 销售单元 销售代表

产品
LOB 品类 覆盖类型

时间
核心指标： • 应用程序（数量） • 保额（数量） • 适配率 • 签单（数量） • 取消单（数量） • 非续约单（数量） • 续签单（数量） • 保费（毛保费、净 　保费） • 偿付额 • 开支 • 佣金 • 佣金率 • 综合比率 • 正式员工数 • 程序数/正式员工数 • 保额/正式员工数 • 保单数/正式员工数 • 保费/正式员工数 • 代理商合作期 • 代理商服务满意度 • 客户投诉（数量） • 客户维系期 • 保单维系期 • 代理商投诉（数量） • 保额生成时间 • 签单时间

供应商
渠道（直销、自 有渠道、代理商） 接触点（互联网、 面对面、呼叫中 心、移动端）代 理商/经纪人 （组织） 个体供应商

销售区域
城市统计区域 邮编

客户属性 ——个体	客户属性—— 商业/团体
年龄 性别 收入 职业 种族	成立时间 商业模式 营收 SIC码

风险属性
核保评分 偿付历史

图 B—2　销售维度框架

目标	业务问题/分析	举措	可评估结果与核心绩效指标
合理的风险分类、评估及定价	• 某种/类风险应当被归入哪个风险细分领域？ • 某种/类风险的发生频率如何？其损失赔偿历史又是怎样？在不同群体上的情况有何不同？ • 某种/类风险是否已经被纳入公司目前的核保手册？如果没有，那么是否可对其标的/覆盖面/定价进行修正以保持在可接受范围？	• 制定增长和盈利目标的相关战略。 • 利用产品组合分散风险并确保该风险水平下的充足保费收入。 • 根据个体风险特征和理赔历史，对定价/条款/条件进行调整。	• 达成目标细分市场/产品目标（保费、PIF及盈利水平）。 • 风险组合的盈利性提升（赔付比率、净核保利润）。 • 核保手册更新升级。
代理商及客户的满意度和维系率	• 新的业务趋势是什么（新申请/提交、保额、签单量）？ • 续签趋势如何（续签单、取消单、非续签单）？ • 客户及代理商对产品、定价和服务的满意度如何？维系率怎样？	• 识别并分析负面的新业务趋势并及时采取措施。 • 识别并分析负面的续签趋势并采取措施。 • 识别并分析负面的满意度趋势并采取措施。	• 新业务和续签目标达成。 • 客户与代理商满意度提升。 • 客户与代理商维系率提升。
内部员工维系	• 我们的人员流动率有多高？ • 员工满意度水平如何？	• 找出人员流动率过高的原因并采取相应措施。	• 人员流动率降低。 • 员工满意度和维系率提升。

图 B—3 核保可操作性框架

续前表

目标	业务问题/分析	举措	可评估结果与核心绩效指标
内部员工维系	● 前述因素对客户/代理商服务带来怎样的影响？	● 找出导致员工满意度低下的原因并采取相应措施。 ● 改善招聘或培训流程。	● 客户与代理商服务水平提升。 ● 客户与代理商满意度、维系率提升。

图 B—3　核保可操作性框架（续）

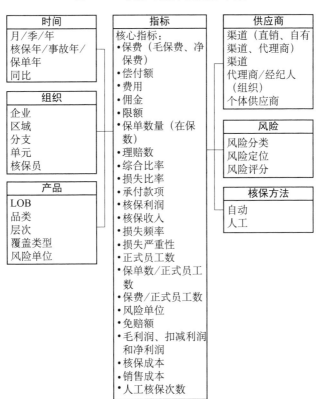

图 B—4　核保维度框架

目标	业务问题/分析	举措	可评估结果与核心绩效指标
提升理赔效率	• 最高效/最低效的业务分支是什么？最高效/最低效的理赔精算师是谁？ • 由不同渠道、区域和理赔部门形成的理赔事件组合？ • 自有服务与外包服务的成本各是怎样的？	• 修订业务流程。 • 根据先进做法开发理赔培训课程。 • 理赔流程外包。	• 理赔流程成本降低。 • 理赔员工维系率提升。
降低理赔赔偿成本	• 理赔偿付趋势如何？ • 不同渠道中的平均偿付款水平如何？ • 追偿和补救的平均理赔恢复状况如何？	• 加快理赔解决速度。 • 尽早采取追偿、补救等恢复措施。	• 赔偿成本降低。 • 理赔恢复效率提升。
提升客户理赔满意度	• 客户对我们的理赔服务满意度如何？ • 客户对理赔服务的满意度会对维系率造成怎样的影响？	• 根据渠道情况优化客户服务。	• 理赔客户满意度提升。 • 客户维系率提升。

图 B—5　理赔可操作性框架

时间
月/季/年
核保年/事故年/
保单年
同比

组织
企业
区域
分支
单元
理赔部门

产品
LOB
品类
层次
覆盖类型

指标
核心指标：
•总偿付额
•适度损失准备金
•已付赔偿款
•损失调整支出准备金
•已付损失调整支出
•理赔恢复额
•理赔数量
•理赔数/正式员工数
•正式员工数
•员工流失率
•客户理赔满意度
•发出第一时间损失通知的速度
•首次接触的速度
•完成理赔的速度
•灾难事故损失
•自动理算比率

理赔层级
理赔团
普通理赔
附属理赔

理赔服务供应商
内部/外部
服务供应商类型（医疗、法务、估价师、特别调查机构等）
服务供应商代码

理赔状态
新开：新建/重开/转入
完成：已解决/转出
特殊理赔标志：诉讼、欺诈、追偿等

图 B—6 理赔维度框架

目标	业务问题/分析	举措	可评估结果与核心绩效指标
提升服务效率、降低成本	• 最高效/最低效的渠道是什么？最高效/最低效的部门又是哪个？ • 由不同渠道、区域和服务部门形成的服务事件组合？ • 不同渠道的服务成本如何？	• 修订业务流程。 • 根据先进做法开发服务培训课程。 • 规划、管理内部/外部渠道和资源。	• 服务效率提升。 • 服务质量提升。 • 服务成本降低。
提升客户与供应商满意度	• 服务质量与及时性对客户和供应商满意度有何影响？ • 不同渠道、区域和事件中的客户/供应商满意度如何？ • 不同渠道、区域和事件中的客户/供应商维系率如何？	• 按照盈利水平协调客户资源与服务渠道。 • 提升客户、供应商满意度及维系率。 • 提升客户收入（如交叉销售）。	• 客户维系率、保费额度提升。 • 供应商数量增加。 • 供应商参与度和营收水平提升。
提升服务员工满意度和维系率	• 服务员工满意度和维系率如何？ • 服务员工满意度及维系率与客户和供应商维系率、增长率的关系如何？	• 调整服务部门培训激励制度。 • 修订渠道和资源服务计划。	• 服务员工满意度和维系率提升。 • 客户与供应商维系率提升。

图 B—7　服务可操作性框架

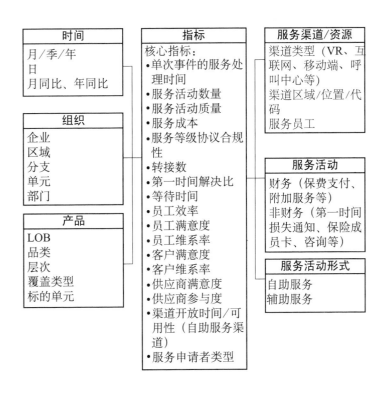

图 B—8 服务维度框架

目标	业务问题/分析	举措	可评估结果与核心绩效指标
	•	•	•
	•	•	•
	•	•	•

图 B—9 可操作性框架模板

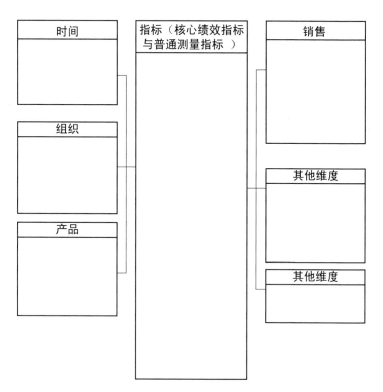

图 B—10　维度框架模板

APPLIED INSURANCE
ANALYTICS

附录C
分析方法相关博客与视频教程

下面列出了一些讲解分析方法的博客和视频，它们均由本书作者撰写或拍摄而成，另外 5 篇是摘自决策因素网站的 BI/大数据博客文章。

决策因素

决策因素（www.the-decisionfactor.com）是一个聚焦于商业分析方法的专业博客网站，该博客以粗体字标出了许多可链接到的博客资源。在博客原文中还添加有许多图形、图表以供参考。当然，在决策因素网站上也还有许多其他类型的博文。

- Two More Big Data V's：Value and Veracity. January 23，2014.

- Your BICC is the Glue That Holds Business and Technology together. December 6，2013.

- Business Intelligence Competency Center：A Key Element of Your BI Program. November 8，2013.

- Business Intelligence Strategy：BICCs Take Center Stage…Again! July 31，2013.

- Data to Decision：Big Insights vs. Big Data. May 7，2013.

- Designing the Intelligence Enterprise. March 4，2013.
- Data Discovery：A Key Tool for Big Data Insights. August 6，2012.
- Insuring ROI on Big Data. April 24，2012.

BI 与成功——优酷视频列表

BI 与成功（BI and Your Success）是一个由五部分组成的优酷视频系列，旨在帮助保险从业人员建立分析思维。(http：// www. youtube. com/playlist? list＝PLufF7pZxICBjHeO4 WY-kJ _ KNpEuBgfH4f)

- "Developing a Business Intelligence Strategy. " Deepa Sankar.
- " Developing a Business Intelligence Competency Center. " Pat Saporito.
- "Progressing Along the Business Intelligence Maturity Curve. " Colin Dover.
- "Building a Business Case for Business Intelligence Strategy. " Imran Siddiqi.
- " Forging an Information Culture：BI and Your Success. " Laura Jamieson.

构建智慧企业

　　大数据在企业中日益风行，但多是由绩效和平台所驱动。尽管这两者也十分重要，却只是百里之行第一步。过分关注于此将使你在寻求进一步的平台投资和预算支持理由时疲于奔命。

　　大数据的真正价值在于企业能够利用其为自身业务带来怎样的改变——通过转型与创新将企业建设为智慧企业，使其他竞争对手难以望其项背。要实现前述价值，就必须参与到市场潮流中，甚至创造这样的潮流。当下以分析方法为主题的全新世界已经不再是父辈那时只需要汇报历史数据的 BI 年代了。实际上，现在的分析世界是前瞻与即时的，包罗社交媒体、预测模型和信息通讯科学等前沿领域。

　　创新需要具备以技术为支撑的企业视角，同时也应当借助变革技巧以创造未来发展的路径。创造这样的视角意味着你需要清晰界定出那些与自身核心诉求相匹配、与稍纵即逝的市场机遇相协调的应用案例。

　　创造这种视角的方法之一就是运用"设计思维"，这是一种通感式的思维方式，重点在于从客户的角度看待问题。常见的做法就是假定客户需求情境，然后对市场和产品机会进行头脑风暴。通过这种方法，你便可以切实了解到客户的"痛点"，并发动群体智慧得出全新的产品设计思路、解决方案以及针对前述"痛点"所应采取的一系列举措。

在这些流程之后，你应当要对潜在的解决方案进行排序，评估市场潜力与价值，分析当前的能力和缺陷。由此，你便能够确定哪些需要裁撤、哪些需要强化，以及哪些需要开发。

在设计解决方案与应用程序的同时，你还可以通过支持员工进行数据探索、预测性思考以及持续的改良，来推动形成真正的自发式分析文化。

这种方法为企业带来的最大裨益在于，它使每个员工的思维都变得富有创造性，并且真正以客户为中心。

链接：http：//www. the-decisionfactor. com/business-analytics-strategy/designing-the-intelligent-enterprise/♯sthash. 37xwQINV. dpuf

首次发表：The Decision Factor，Feb. 21，2013 www. the-decisionfactor. com

数据发现： 大数据透视的关键工具

随着数据总量和类型的爆炸式增长，越来越多的企业开始寻求从大数据中发掘价值的方法。数据发现就是这样一种高级分析功能，它帮助企业不再过分依赖于 IT 创建业务子视图或进行数据归并/清洗，便可以从数据中获得启发。运用最新的数据发现与可视化工具，分析员们已经能够自行开展数据发现工作，找出价值点并将其与其他用户进行分享，从而加速了"由启发到行动"的竞争优势转化。这一思路之所以可行，归根结底在于那些终端用户他们不仅最为了解自己的数据，而且也能够即时从数据中嗅到威胁与机会所在。

当你在审视这些新工具能够如何应用于企业之中时，要始终谨记下面所列的这些核心能力、警示点以及常见的业务程序。

- 快速数据探索以及对大型数据集进行整合的便捷性与高效性。
- 对运营 BI 进行即时分析以发现问题并立刻采取恰当措施。
- 对多个来源的数据进行灵活整合——不要依赖 IT。
- 易于使用和学习。
- 提升可视化水平并配备丰富的图表选项以有效传达数据价值。
- 终端用户易于创建的数据仪表。
- 通过智能手机、平板电脑及其他移动设备获取数据和信息。

- 团结协作，确保更加方便地共享信息和采取行动。

- 无须重新编程即可使用的内置数据操控功能（例如，层次搭建）。

尽管所有这些终端用户属性都应当包含于你的选择标准之中，但同时还需要考虑某一工具与更高级 BI 套装的整合效果——比如特殊报告创建、格式化报告、预测分析及其他 BI 应用，这些都是数据发现工具自助式功能完善的必然要求。企业也应当意识到在不同终端用户群中推行多种自助式分析工具的可行性，因为这将带来数据孤岛增加、用户界面差异以及互通性等问题。

下面是数据发现工具最常见的业务应用领域。

- 提升收入：客户分析和分销分析是达成这一目标最常用的两个跨行业营销应用。这两者都可以用来发现市场和细分渠道的不同特性以辅助开展营销活动。销售方面的情形与此类似，产品收入和利润分析能够帮你深入审视销量、盈利性及其驱动因素。据此，你便可以销售更多盈利性强的产品，减少盈利状况不佳的产品销售，以及作出提升产品盈利性水平的变革决策。

- 降低风险：另一个在许多行业中比较常见的应用是诈骗监测。无论是理赔诈骗（保险业）、库存泄露（零售业）还是信用卡诈骗（银行业），数据发现都能够帮助识别出那些可能预示着诈骗风险的特殊数据，并且在数据挖掘前就将诈骗特性数据做好集群分类。

● 削减开支：通过最佳—最差绩效分析及对标，数据发现还能够帮助优化企业的流程效率和员工队伍生产力。实际上，仅仅是分享最佳—最差绩效对标即可实现安慰剂效应，从而刺激绩效迅速提升。当在业务流程再造、培训、激励/人才管理和工作安排等方面应用这些发现/措施之后，你将能看到许多令人欣慰的改善。

先抛开你所选择的工具，最重要的事情还是如何起步。接下来，你便需要借助这些工具来分析数据、共享/协同利用有价值的结论，并采取相应行动，最后评估行动效果。这一环环相扣的过程使你能够充分利用数据集中潜在的价值，并将剑锋直指市场业绩提升。

底线：多数企业都具备较完善的描述性 BI（回顾历史业绩），然而，大数据的真正价值其实在于预测性的 BI 以及运用数据发现等自助式 BI 工具以研判未来将会发生什么，并争取最有效地利用前述结论。

链接：http：//www. the-decisionfactor. com/business-intelligence/datadiscovery-a-key-tool-for-big-data-insights/＃sthash. fnesr7AX. dpuf

首次发表：The Decision Factor，July 31，2012 www. the-decisionfactor. com

BI 战略： BICC 再次成为核心话题

（BI 竞争力中心相关内容系列第一部分）

随着数据总量与复杂性的不断增加以及企业正努力满足日益增长的分析需求，BI 竞争力中心（BICC）再一次回到聚光灯下。但有讽刺意味的是，尽管数据以每年 80％ 的预期速度增长，企业员工的分析方法使用率据估计也能在 2014 年时达到 50％（2020 年达到 75％），可是多数企业现如今只有 10％ 的 BI 采用率。作为整体 BI 战略的一部分，构建高效的 BI 竞争力中心是提升 BI 采用率、完善 BI 自助功能以及确保企业拥有恰当的分析功能以传递分析业务价值的关键一环。

BICC，又称 BI 卓越中心，是 BI 战略框架的重要组成部分。它整合了管控、计划管理、BI 战略路线图与里程碑、教育培训以及行政支持等职能领域。因此，BICC 是一个跨职能领域的专业团队，有着既定目标任务、角色、职责，并着力支持和推动 BI 在整个企业中的有效运用（Gartner，2001）。BICC 在 BI 战略的组织和实施阶段都起着十分重要的枢纽作用。

虽然 BICC 也是整体 BI 成熟度模型的一部分，但它有着自己的成熟度发展路径。其演化过程如下：

1. 无 BICC

2. IT/技术驱动的 BICC（通常聚焦于架构和产品）

3. 业务驱动的 BICC（业务需求驱动）

4. 成熟的 BICC

BICC 的发展过程包含持续不断的改善工作，应当被视作整体战略审阅工作的一部分，至少每年都进行一次评估和升级。业务需求的变化以及新功能的开发都应当与业务实际相匹配，并促成技术的改造和更新。

BICC 的演化过程可以参见 BI 成熟度模型的管控部分。

基于企业的实际情况，BICC 可以有多种不同的组织形式和运作模型。不同类型的 BICC 模型及其相应的利弊可参见作者博客。

链　接：http：//www. the-decisionfactor. com/business-intelligence/business-intelligence-strategy-bi-competency-centers-take-centerstage-again/♯sthash. 0GjcQX2v. dpuf

首次发表：The Decision Factor，July 23，2013 www. the-decisionfactor. com

BI 战略： BI 竞争力中心，BI 项目的核心组成部分

（BI 竞争力中心相关内容系列第二部分）

在我最近的一篇博文中，我探讨了 BI 竞争力中心对于多

数企业发挥 BI 项目最高水准的重要性。在这一部分，我将重点介绍不同类型的 BICC 组织模型。

BICC 有一系列不同的组织形式或模型——最常见的是作为 IT 分支的 BICC、可视化 BICC、作为运营分支的 BICC 以及分散式 BICC。BICC 雏形通常以分散式或可视化形式出现。每种模型都有其自身的优势和劣势，并且会随着成熟度的演化而不断调整。最适合企业的模型一定是建立在文化背景之上的，但也可能同时存在一个或多个可选模型。

BICC 将能够为 BI 和分析方法带来许多可观的改善。其中三个最主要的益处如下：

● 业务与 IT 之间建立起更良好的合作机制，共同保障业务驱动的 BI/分析战略有效落实。

● 通过最佳范例、交流扩散以及沙盘模拟，提升 BI 及分析方法的使用率。

● 数据质量与管理水平提升，将数据准备和验证的时间节省下来，用于更有价值的分析过程。

这三方面的益处最终都将带来收入的提升、费用的降低以及运营效率的改善。

当然，BICC 也面临许多挑战，其中最主要的两个就是可视化变革与预算支持。在高级管理层中委派专人负责 BICC 管理工作是非常有必要的，但即便如此，BICC 的价值也未必能够得到所有人的充分认可。因此，编制可衡量的核心绩效指标并利用 BICC 数据仪表或计分卡来展示其价值便是提升认可度的最佳方法。

大多数常用的指标都与回报和运营类绩效相关，比如流水线、成本、用途、质量、加装时间、卸货时间、储运损耗以及培训教育等。企业可以尝试将数据仪表所显示的效果数据放在 BICC 论坛或社区之中，展示 BI 成功案例，投放前沿的培训教育课程/在线资料，并链接到分析沙盘的操作界面。那些能够始终让员工看到其功能和价值的 BICC 要比无所作为的 BICC 更容易获得充足的资金支持。

如果你的企业尚未配备 BICC，那么你需要在建立这样一个机构的过程中关注以下基本要素：

- 指派一位执行官。

- 清晰界定企业的章程和使命。

- 选择恰当的 BICC 组织形式，厘清职位设置并任命合适人选。

- 编制 BICC 路线图，包含初始目标和未来远景。

- 开始运作 BICC，专注于战略界定和 BI 相关标准及流程的建档/规整工作。

如果你的企业已经建立起了 BICC，那么着眼于该如何将其作用发挥至最大。在 BI 战略年度评估时进行一次 BICC 评估或许是不错的选择。

● 审视当前及未来 18 个月的 BI 功能是否可以满足业务领域的需求。发现潜在的痛点/问题并按照预期业务价值进行排序。

● 通过管控、计划管理、教育培训及支持等工作的开展情况来审视 BICC 目前的运作状态。基于功能的完备性和可用性评估目前的运作水平。依照预期业务价值对需要作出的改善进行排序。

● 审视 BI 战略与 BICC 当前存在的缺陷，发现改良机会并进行排序。

● 针对前述查漏补缺工作制定 BI 战略与 BICC 路线图。

要了解更多有关 BICC 的内容，请阅读本系列第一篇博文《BI 战略：BICC 再次成为核心话题》并持续关注下篇更新。

链接：http://www.the-decisionfactor.com/business-intelligence/bistrategy-bicc-a-key-element-of-your-bi-program/#sthash.FGwxMuWI.dpuf

首次发表：The Decision Factor，Nov.5，2013 www.the-decisionfactor.com

BICC——商业与技术之间的桥梁： 技能、 角色以及推广策略

（BI 竞争力中心相关内容系列第三部分）

正如在本系列博文第一篇中所说的那样，BICC 对于企业分析实力的提升起着至关重要的作用。无论企业规模大小，BICC 都能够将其业务驱动目标与信息、应用程序、流程、培训、政策和技术串联在一起。其职能跨越人力资源、知识流程、文化和基础设施建构等领域。

我在此前的一篇博文中也对 BICC 组织模型作了梳理和回顾。而本文则将探讨成功的 BICC 所需的技能组合、核心角色以及职责权限。同时，我也会提及一些低风险、高成效的"小技巧"，帮助你将 BICC 顺利运行起来并保持其效果的可视化。

高效 BICC 所需的技能主要涉及以下三大核心领域：业务、IT 以及分析。具体而言：

● 业务技能：保持与业务战略同步，明确优先级，领导组织与流程变革，以及控制预算。这些通常都是对业务领域的要求，但 IT 同样需要有所行动。

● IT 技能：界定视图，维系项目运转，建立标准，创建技术路线图，提供方法指引，维护可用设施，以及改善数据质量。这些通常都是技术性技能，但业务用户也需要对其有所了解，尤其是技术标准和路线图，因为它们对于数据质量至关重要。

● 分析技能：发展用户技能，界定业务规则，识别并提取数据，创建数据的业务视图，发现与探索数据，以及统计与文本发掘等高级分析技能。从业务到 IT，分析技能在企业中贯穿始终，不可或缺。

BICC 所需的角色类型多种多样，但你应当清楚，它们的工作领域并不限于 BICC 之内。部分 BICC 角色只是有个头衔，其实际职属是在业务领域，比如业务分析师和数据管理员。此处我特意未提及那些在 IT BI 开发团队或分散在业务 BI 开发领域的开发角色（程序员、数据建模师、架构师等）。另外，虽然业务分析员这一角色对于项目持续运作至关重要，但由于其均可能隶属于业务、IT 或 BICC，因此亦略去不提。BICC 中必定会配备的主要角色有：

● BICC 负责人：管理整体 BICC 计划、BICC 运营、服务商关系、版权、内部用户群组以及元数据。引领整个企业的分析方法实施工作。确保业务协同。设置并监测 BICC 核心绩效指标。保障持续预算支持。与执行官和 BI 管控委员会保持协作。

● 首席数据管理师：管理整体数据管控以及相关工作，比如元数据管理。与数据架构师/数据经理协同开发数据架构。发现潜在问题并提出相应措施建议以解决数据质量和整体性问题。主持数据管控委员会日常工作，并兼任 BI 管控委员会成员之职。

● 知识管理负责人：管理整体知识管理活动、政策、程序等以推动 BICC 功能的普及与实现。工作内容包括 BI 标准、模板设定等。主责开发亟须的新培训项目，并对现有培训项目的时效性进行评估。

● BICC 支持负责人：管理整体 BICC 支持工作，确保解决用户支持工作中出现的问题。

● BICC 技术负责人：管理分析方法赖以发展的技术环境。保障 BI 解决方法的正确技术设置，并针对数据连接、安全性及其他技术功能方面的需求提出合理化建议。辅助支持 BICC 服务台的日常运作。通常也会涉及管理分析应用程序筛选以及版权管理等工作。

● BICC 沟通负责人：承担活动、计划以及目前项目的进度沟通等工作。利用内部局域网、论坛社区或其他载体沟通传递并使企业全体员工认知、认可 BI 项目进度及所取得的阶段性成果。

选择推行优质项目并培养一部分 BI 价值宣传员也是十分重要的工作。这些都能够帮你树立威信并保障 BICC 获得持续稳定的预算支持。下面是使 BICC 深入人心的一些小技巧：

（1）树立成功典范：

● 选择一个首要目标并力促其成功。

● 全力支持 BICC 中的各个角色以达成目标。

● 甄选这一过程中的积极分子并鼓励其向大众员工宣传 BICC 运作成果。

（2）渲染事件效果：

● 运用数据仪表、计分卡、路线图以及其他可视化工具。

● 分析方法"炙手可热"，所以持续不断地"推销"它吧。

（3）比报告更进一步：

● 强化自助式分析功能，超越单纯的报告模式。

● 使其简单易用——运用恰当的工具并确保终端用户接收系统培训。

● 帮助终端用户自发地认为 BI 是其工作成果的重要诱因——驱动文化变革。

（4）持续有效沟通：

● 创办 BICC 社区并鼓励终端用户参与反馈。

● 提高互动及趣味性——比如发起适合终端用户参与的内部/外部竞赛。这同样也是学习和认可的过程。

● 在 BICC 社区中突出强调成功范例和新的应用建议。

充分理解 BICC 所需的关键角色以及职责是 BICC 及整体 BI 战略成功的关键。同样重要的是，理解这些角色所必需的技能，并在新员工招募过程或现有业务/技术员工职业发展规划中着意发现和强化。

链接：http://www.the-decisionfactor.com/business-intelligence/

your-bicc-is-the-glue-that-holds-business-and-technology-together-skills-roles-and-guerilla-tactics-for-promotion/ # sthash. Or1HYOTn. dpuf

　　首次发表：The Decision Factor，Dec. 3，2013. www. the-decisionfactor. com

图书在版编目（CIP）数据

大数据时代的保险分析／（美）萨波里托著；李凯译 . —北京：中国人民大学出版社，2016.5

ISBN 978-7-300-22733-7

Ⅰ.①大…　Ⅱ.①萨…②李…　Ⅲ.①数据处理-应用-保险业-研究
Ⅳ.①F840. 3-39

中国版本图书馆 CIP 数据核字（2016）第 066653 号

大数据时代的保险分析

［美］帕特里夏·L·萨波里托　著
李　凯　译
Dashuju Shidai de Baoxian Fenxi

出版发行	中国人民大学出版社			
社　　址	北京中关村大街 31 号	**邮政编码**	100080	
电　　话	010－62511242（总编室）	010－62511770（质管部）		
	010－82501766（邮购部）	010－62514148（门市部）		
	010－62515195（发行公司）	010－62515275（盗版举报）		
网　　址	http://www.crup.com.cn			
经　　销	新华书店			
印　　刷	北京联兴盛业印刷股份有限公司			
规　　格	148mm×210mm　32 开本	**版　　次**	2016 年 6 月第 1 版	
印　　张	8.125 插页 2	**印　　次**	2020 年 11 月第 6 次印刷	
字　　数	130 000	**定　　价**	49.00 元